インテリアの基礎知識シリーズ　The Basics Series for Interior Design

インテリアと空間演出の基礎知識

内堀繁生 編著
UCHIBORI Shigeo

The Basics of
Interior and
Space Direction

鹿島出版会

執筆者一覧

第1章
財満 やえ子
東京造形大学教授

第2章
近田 玲子
近田玲子デザイン事務所代表
東京芸術大学講師

第3章
日原 もとこ
風土・色彩文化研究所代表
東北芸術工科大学名誉教授

第4章
内堀 繁生
生活デザイン研究所代表
元 大妻女子大学教授

第5章
江川 博
シスルインターナショナル代表

第6章
小池 明夫
プラディスコ システムワークス代表

第7章
長谷川 俊雄
鹿島建設常務執行役員

まえがき

　近年わが国では、生活文化の多様性と人びとの生活意識の個性化により、住文化への関心が高まり、さらなる住環境の高度化への傾向を強めている。

　生活空間が快適で心地よいというのは、住まう人の感性が、豊かなデザイン文化に満足するということである。生活空間のデザイン性と室内環境、十分な外光とコントロールされた明るさ、清潔な空気と香り、調和のとれた色彩と内装デザイン、アートとグリーンインテリア、さらには音の響きなどが演出されたインテリアに、わくわくするような愉しさと美意識を感じるということではないだろうか。

　本書は、そんなインテリアデザインのキーワードともなる、風土と伝統をふまえたわが国とヨーロッパの空間演出、光の演出、色彩とアートワーク、グラフィックス、音のサイエンス、香りの演出などについて、専門領域の研究者と諸先生方にご協力を願い、貴重な研究と計画情報を集約した基礎知識を総合的に編集したものである。ちなみにインテリアの基礎知識シリーズには本書を含めて4冊の本がある。

　この本が、建築家、インテリアデザイナー、インテリアコーディネーターとして学ぶ若い人たちの参考書として、また大学その他において、デザイン教育に携わる先生方の教材として、役立たせていただければ幸いである。

　最後に、本書をまとめるにあたり、鹿島出版会の相川幸二さんには終始ご尽力をいただき深く感謝申し上げたい。

2010年師走　内堀繁生

目　次

まえがき

第1章　和洋の空間演出 ……………………………………1
1.1　生活空間を左右する気候・風土 ————————— 2
1.2　日本のインテリア演出 ————————————— 6
1.3　西洋のインテリア演出 ————————————— 11

第2章　光の演出 ……………………………………………17
2.1　自然採光と省エネルギー ———————————— 18
2.2　照明の移り変わり ——————————————— 23
2.3　光源と明るさと色 ——————————————— 29
2.4　光の感性的演出 ———————————————— 36

第3章　色の演出 ……………………………………………43
3.1　色彩の生理、心理的機能 ———————————— 44
3.2　室内配色の演出 ———————————————— 48
3.3　和洋の色演出 ————————————————— 60

第4章　アートワークの演出 ………………………………67
4.1　生活空間の彩りと空間の活性化 ————————— 69
4.2　アートワークプログラム ———————————— 71
4.3　グリーンインテリア —————————————— 87

第5章　インテリアグラフィックスの演出 … 91
- 5.1　ビジュアルコミュニケーション — 92
- 5.2　グラフィックプログラム — 98

第6章　音の演出 … 115
- 6.1　生活の中の音 — 116
- 6.2　音の反射と吸収・遮音 — 123
- 6.3　オフィスにおける音環境 — 128
- 6.4　BGM(Back Ground Music)と環境音楽への試み — 130
- 6.5　サウンドスケープ(Soundscape) — 137
- 6.6　ナチュラルサウンドシステム — 139
- 6.7　トータルインテリジェントシステムの普及(集中コントロールシステム) — 141

第7章　香りの演出 … 145
- 7.1　香りの効果 — 146
- 7.2　インテリア環境と香り — 149
- 7.3　香りの導入事例 — 150

第 1 章　和洋の空間演出

1.1　生活空間を左右する気候・風土

　地上に住まう人々は、太陽の恩恵を等しく享受している、と思うのは間違っている。居住地の緯度が違えば、太陽高度（地平線に対する太陽の角度）が異なり、享受できる光の強さも、熱エネルギー量も異なる。

　太陽高度の違いは、大地や海水や大気の温度を変え、海流や風の向き、降雨量や湿度、植生さえも左右する。私たちは、こうした自然条件の違いを受け入れながら、それぞれの地域のポテンシャル（可能性、潜在する力）を生かして、よりよい居住環境を確保し、室内空間を快適に演出してきた（写真1.1）。

写真1.1　建具を開け放つと庭と一体化する室内、慈光院書院、1663年

　こうした地域の気候・風土の違いが、建物の屋根勾配や軒庇の出具合、構造材、開口部（窓戸）の位置や形状を左右し、伝統的な住まいを造形し、外観の違いを際立たせ、地域固有の景観を生み出してきた。インテリア空間の和洋の演出を語るには、まずこの建築空間の特性を明らかにしなければならない。

　また建築空間は、そこに住まう人々の生活習慣や社会制度を反映する。特に伝統的な建築空間の造形や室内空間の演出は、東西交流が少なかったときほど、その地域固有の文化が際立っていた。東西交流が密になって、地域間の差異が薄れてきた今日、現在も受け継がれている何かがあるとすれば、それが和洋のインテリア演出を特徴づける造形なのである。

1.1.1 太陽高度と日照時間

　自然光を建物の内部にいかに取り込むかは、建築計画の基本である。室内空間を快適にするには、季節や時刻で変化する太陽高度を知って、日ざしの遮蔽と導入を調整しなければならない。自然の光とエネルギーの活用こそが、もっとも省エネで経済的な室内環境が得られるのである。

　京都や東京の緯度は北緯35°前後に位置しているが、パリやロンドンは北緯50°前後である。北緯50°はわが国最北端の稚内より北で、アルプス以南のローマは函館の緯度と同じである。緯度の違いは太陽高度と日射量に影響する。わが国では太陽高度がもっとも高い夏至の正午（南中高度）は78°、もっとも低い冬至は31°である。一方、西ヨーロッパの南中高度は夏至で63°、冬至は16°しかない。したがって冬のヨーロッパでは、太陽は一日中ほぼ真横から射し込むのである。

　ところで東京では、日の出から日没までの日照時間が夏至で14時間半、冬至では9時間半である。一方西ヨーロッパでは、夏至は16時間半あるが、冬至の日照時間は8時間しかない。夏至と冬至の日照時間の差は8時間半となり、単純に日射量を比べても、冬は夏の1／3しかないことになる。西ヨーロッパの冬はいちだんと寒いのだ。

　この日照時間の差は、日の出前や日没後の黄昏時の時間に影響する（図1.1）。わが国では夏至から冬至に向けて、日没時間は2時間半早くなるが、黄昏時の薄明りが暗闇になる速さはほとんど変わらない。ところが西ヨーロッパの黄昏時間は長くなる。特に夏至前後の夜は、ひと晩中天空が暗くならないまま朝を迎えることになる。

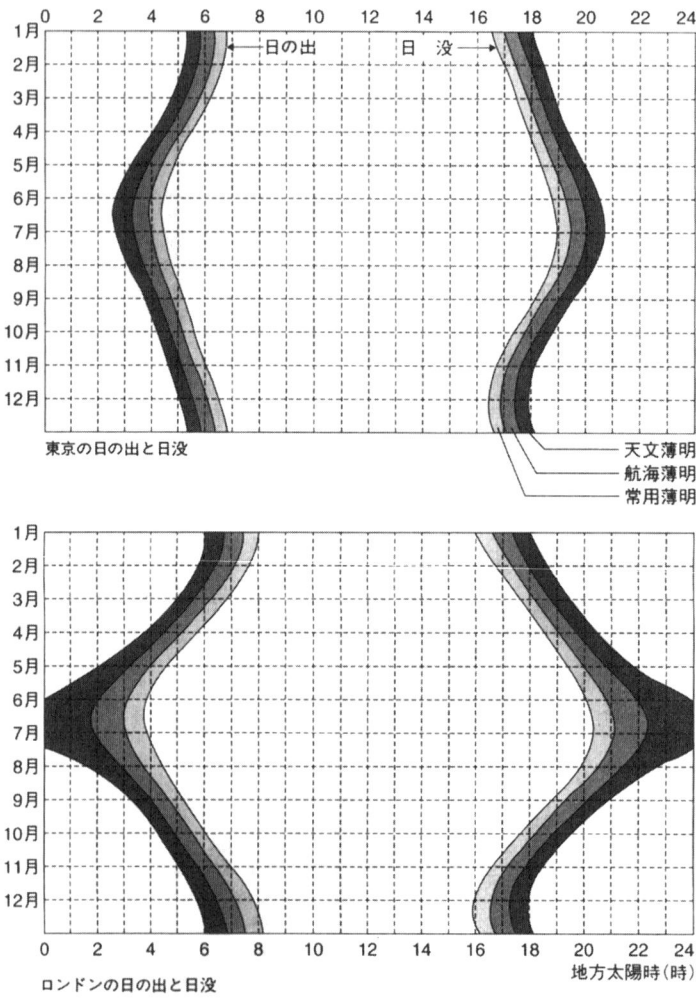

図1.1 東京とロンドンの日照時間と黄昏時の薄明り

1.1.2 気温と湿度

わが国と西ヨーロッパの気候の違いは、年間の気温と相対湿度の関係にも現れる（図1.2）。左上がりの包絡線群は月別の温湿度の変化を表したグラフ（クライモグラフ）で、各月の平均的な日々の変化を示す。12個の黒点は各月の平均値の変化を示し、月別のクライモグラフの最大と最小を包絡した範囲が、年間の気温と湿度の変化の範囲である。

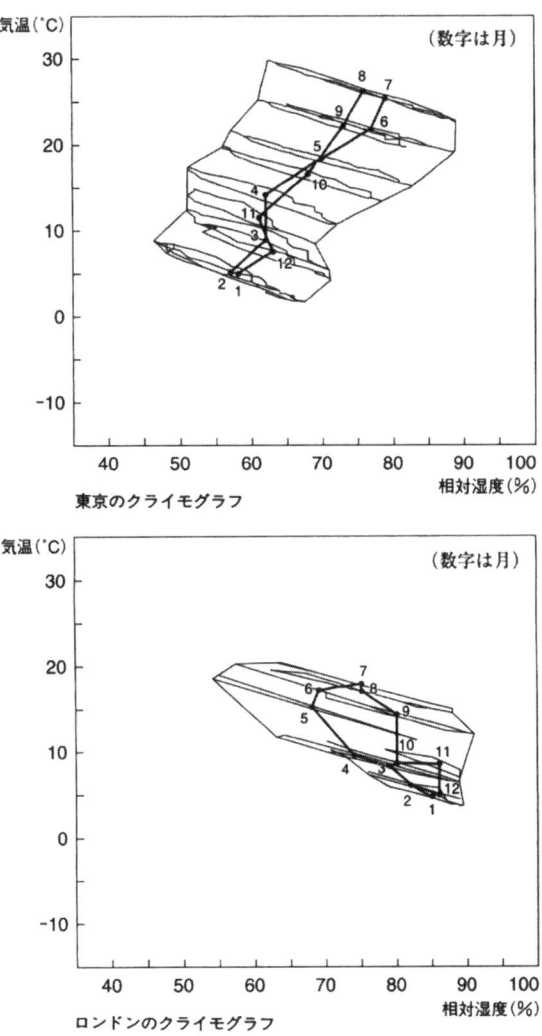

図1.2 東京とロンドンのクライモグラフ

　東京とロンドンの包絡範囲を比較すると、東京の方が大きく、ロンドンは小さい。東京では気温も湿度も幅広く変化するが、ロンドンは安定していて変化に乏しい。またこのグラフは、右上ほど蒸し暑く、左下は刺すように寒い。左上は焦熱地獄で、右下は湿気が多くて寒い。東京は黒丸の月別平均値をつないだ線が右上がりで、夏の高温多湿を物語っており、ロンドンは夏の気温が

10度も低く、月変化も左下がりで、秋から春まではほとんど変わらない。

これに雨や風を加えれば、わが国の季節の変化は歴然としており、季節の移ろいに敏感な建築的な工夫や室内空間の演出が育まれて当然である。それに比べ、西ヨーロッパの季節は単調で、極端にいえば、涼しい夏と長い冬しかない。建築的な造形やインテリアの演出も、年間を通じて寒さ対策さえ考えればこと足りる。それ以上に、暗くて長い冬をいかに過ごすかが最大の問題となるのである。

1.2　日本のインテリア演出

四季の変化がこれほど明確にもかかわらず、古来、わが国の住まいは夏を宗とすべしといわれ、高温多湿の夏をしのぐには、建具を開け放つと風が通り抜けるような住まいがよいとされてきた。しかしこれは、住まう人の快適もさることながら、建物の耐久性を増やす教訓でもあった。建物の構造材である木材を、腐朽や白蟻から守るための計画指針なのである。

木材は有機素材である。高温多湿の夏の気候は、腐朽菌や白蟻が繁殖する絶好の環境となる。その繁殖を断つには、木材の含水率を下げ、雨水の浸入を防ぎ、木材を濡らした水分を速やかに排除するしかない。建物を高床にして床下の通気性をよくし、軒庇を深くして構造体を風雨から守り、軸組を真壁構造にして木部の排水を促す。こうした伝統的な造形が、菌虫類の繁殖を遮る最良の解決策であった。

だからといって、10°を下回る冬の日々を衣・食・住の衣と食だけでは乗り切れない。住まいの寒さ対策には、断熱効果の高い茅葺屋根、土壁、床板や畳床を使い、開口部には変化に富んださまざまな建具を工夫してきた。こうした伝統的な民家の構成要素は、乾燥した冬の寒さ対策だけではなく、生活文化の成熟とともに、四季の移ろいを享受する室内空間を演出する要素にもなっていく。

1.2.1　調度類による室内演出

　洋の東西を問わず、原始的な居住空間は洞穴である。洞穴は年間を通じて温湿度が一定で、防寒や防暑に優れ、建築技術が必要ない。しかし人口が増えれば、何もない所に居住空間を構築しなければならない。それが人工的な洞穴を思わせる竪穴住居である。わが国の竪穴住居は用材に腐りにくい栗材を多用し、土間に植物繊維で編んだ敷物を敷き、炉を囲むだけの居住空間であった。

　4～5世紀頃の古墳から出土した家屋文鏡には、竪穴住居とともに側壁のある平地住居、高床住居、高床倉庫が描かれている（写真1.2）。デッキを備えた高床住居には、現存する最古の住居遺構（法隆寺伝法堂）やその後の寝殿造へ移行する萌芽が見られる。仏教とともに大陸の建築技術が移入されると、柱は掘立柱から石場建に代わり、建築用材も杉や桧の針葉樹に変わったのである。

写真1.2　4種類の建物を描いた家屋文鏡、佐味田宝塚古墳出土、宮内庁、4～5世紀、「日本美術名品展」より

　寝殿造は、敷地の中央に南面して寝殿を建て、その左右に対屋を設け、南庭を隔てた池に臨んで釣殿を配し、それらを渡殿で連絡した平安貴族の住居形式である。庭と居住空間を一体として計

画する庭屋一如の考え方は、この配置から育まれていった。また、寝殿は身舎と庇からなり、外周の柱間に蔀戸を釣り込み、四隅と北庇中央に両開きの妻戸を入れた。蔀戸は内か外に撥ね上げると柱間が全開放できるが、下ろすと屋内は真っ暗になる。それで風雨を防ぎ採光も可能な半蔀や連子格子が生まれた。

居住空間の寝殿や対屋には、身舎の一方に閉鎖的な小室の塗籠があるだけで、間仕切り壁も天井もなかったとされている（社寺遺構には天井がある）。日々の暮しや年中行事に対応するには、さまざまな調度類を使った場面展開が必要になる。それが風除けや隔てに使った几帳・衝立・屏風・簾などの屏障具、倚子・胡床・草墩・畳・褥などの座具である（写真1.3）。

写真1.3　屏障具や座具で設えた寝殿造の屋内、類聚雑要抄、東京国立博物館、「日本の美術No.3調度」より

1.2.2　居住性の向上と空間演出

　やがて寝殿造は簡略化されて、小室へ分化した寝殿と渡殿の途中にあった中門を残すだけの建物になる。中門造と呼ばれるこの建物は、武家の住居形式とも、書院造が完成するまでの過渡的形式ともいわれている。この時期（13世紀）、禅宗とともに招来した新しい建築技術は、巨材が減少しつつあったわが国の木造建築を貫によって補強し強固にした。

　貫が建物の軸組を固めたことで、細い角柱が使われ始め、天井が張られ、障子や遣戸などの建具が登場する。障子は最初、板に布を張って画を描いた衝立障子を指したが、柱間にはめ込まれて間仕切り壁に変化する襖障子もあった。画題は唐絵風のものから名所絵や四季絵に、仕上げも大和絵から水墨画、版木で量産刷りした唐紙へと変化していく。

　一方、遣戸は引違い戸を指した。蔀の中板を除いた格子戸、舞良戸、細い格子に紙を貼った襖障子や明障子など、軽い建具が引戸となって角柱の幅の中に建て込まれ、室内は明るくなった。また、座具や寝床として使われていた畳が板の間に敷き詰められて、弾力性のある暖かい床材となり、座敷が誕生する。

　こうした居住性の向上は、16世紀頃に出現した縦挽き鋸によって、効率的な木材の活用が可能となり、木割術が発展することで、床・違棚・出書院・帳台構と呼ばれる座敷飾りを備えた書院造が完成していった（写真1.4）。

写真1.4　定型化した書院造上段の間、園浄寺光浄院客殿、1601年

1.2.3 座敷のトータルインテリア

　封建社会が成熟する過程で、書院造には公的な対面所としての格式が求められる一方で、私的な接客には数奇屋風の演出が求められた。数奇屋は最初、草庵茶室を指していたが、ややくずした意匠の書院造を、数奇屋風書院造や数寄屋造と呼ぶようになる。

　書院造の室内は、壁が柱・長押・鴨居で分割され、分割面は障壁画や土壁、欄間、床・棚・付書院などの造作で装飾され、深い化粧軒と広縁で自然を凝縮した庭園と一体化した演出となっている。

　書院座敷の主要部材は桧の白木で、柱は角柱に角材の長押を使う。天井は折上格天井(おりあげごうてんじょう)や小組格天井(こぐみごうてんじょう)を部屋の格式で使い分け、間仕切りには障壁画を描いた張付壁(はりつけかべ)と襖障子、長押の上の小壁は白漆喰という不文律があった。障壁画には金碧画(きんぺきが)が多用され、画題は中国や仏教の逸話、名所、四季の花鳥風月が、部屋の格式に応じて描き分けられ、狩野派や琳派の絵師が活躍するステージとなった（写真1.4）。

　一方、数奇屋風書院では、松・杉・栂など桧以外の材を用いて色付を施し、柱に丸太や、丸太面を残した面皮柱(めんかわばしら)を使う。長押を付ける場合は面皮や半丸太を使い、天井は竿縁天井(さおぶちてんじょう)である。間仕切りの襖障子や張付壁には、連続模様を彫った版木にキラ（雲母粉）や顔料を乗せて刷った唐紙を多用し、障壁画には水墨画を採用した。なお土壁は色土仕上げが原則であった（写真1.5）。

　明治になって近代的な西欧文化が導入されると、数奇屋風書院造の住まいに併設して接客用の洋館が建てられた。洋風化は近代化の推進と同意であった。立式流しや椅子式生活は浸透したが、上下足分離の習慣は残された。庶民住居は居間中心の個室化、建物の大壁(おおかべ)仕上げの方向で今も洋風化が進んでいる。

写真1.5　数奇屋風書院造、旧小松宮別邸、楽壽館不老の間、1890年

1.3　西洋のインテリア演出

　西ヨーロッパでは、年間を通じて防寒対策こそが住まいづくりの基本であり、暗くて長い冬をいかに過ごすかが最大の問題である。伝統的に、室内環境の快適さへの要求が高い所以もそこにある。アルプス以南は乾燥して暑い夏への対策が必要なので、アルプス以北とは状況がやや異なっている。

　寒さに対応する建築用材は、断熱性が高く、加工性に優れた木材が最適である。したがって、西ヨーロッパでも19世紀までは、木材が建築用材の主役であった。しかし工業化の時代になり、鉱山の坑木、鉄道の枕木、暖房用薪炭などのエネルギー源に木材を使い過ぎ、森林資源が極端に枯渇して、建築用材は鋳鉄や鋼材、コンクリートなどの新建材に代わった（写真1.6）。

　近年は環境問題が浮上し、人工林が回復して伐採期を迎え、新しい木造の建物が指向され始めている。

写真1.6 鉄とガラスを導入したアール・ヌーボー様式の住居の階段室、ブリュッセル、V.オルタ自邸、1898年

1.3.1 ヨーロッパの木造建築

ヨーロッパで木材を多用した建物には、丸太材や角材を積み重ねた校倉造、外壁が石積の組積造、ハーフティンバーとも呼ばれる木骨組積造（柱建形式）の3種類がある。

校倉造は、素朴な道具と技術で積み上げられるが、多量の通直材を必要とするので、松や樅などの針葉樹の多い地域で普及した。

組積造は、外壁以外の柱や床、開口部の楣(まぐさ)、小屋組などは木造であるが、工期が長く大断面の木材を要するので費用がかさむ。

木骨組積造は、木造の軸組の間にレンガ、石、木片などを詰めるので工期が短く、高層化できたので都市部で普及していった。

特に16世紀頃に現れた木骨組積造の菅柱(すげばしら)方式は、各階ごとに胴差(どうさし)で分断されるので部材が短くてすみ、樫や栗などの広葉樹でも、湾曲材、間伐材でも使えるので経済的であった。この構法は各階の床が上階の作業場になり、上層階を道路側へ迫り出せたので、敷地や道路が狭い都市部の住宅に適していた。

19世紀に木材が枯渇して構造材が新建材に置き換わると、価格を下げたのは組積造で、上昇したのは木骨組積造である。しかもこの時期は、石炭や石油などの安価なエネルギーが潤沢になり始めた時期にあたる。木造の利点であった断熱性より建設価格が優先され、新素材を使った新しい造形が進展した（写真1.6）。

1.3.2　木造建築の室内装飾

これらの木造建築は一般的に、小都市や地方では木部を現す仕上げが多く、大都市では壁面を覆う傾向にある。外壁は天然スレート・漆喰・板などで覆われ、室内は漆喰や板で覆われたので、内部構造の識別が難しい。

木部に塗られる漆喰は、防火・防水・防腐の効果もあるが、彩色装飾する下塗りとしての発色効果があり、内壁に塗れば安価に室内を明るくすることができた。木部や壁面は幾何学模様、春を思わせる草花、笑いを誘うだまし絵などの壁画で埋められていたが、分業を担う職能が確立していくと、次第に歴史的逸話や草花を織り込んだタペストリー、金唐革(きんからかわ)や織物の壁張り、彫刻を施した框組パネルなどで装飾されるようになった（写真1.7）。鏡を使い透視画法を駆使して室内を広く高く錯覚させる技法や、寄木や鍍金技術を使って室内と家具とを一体的に装飾する技法などは、専門家の誕生とともに王侯貴族の間で普及していく。

写真1.7 彫刻や絵や框組パネルで仕上げた室内、フォンテンブロー宮フランソワ1世の回廊、1528〜40年頃

1.3.3 炉と暖炉

　また校倉造や組積造は、構造的にも熱損失の面からも大きい窓を開けられない。太陽光を最大限生かすためには、構造的に生まれた壁の厚さを利用して、ガラス窓と日除の間に鉢花を置いたり、窓辺のアルコーブに窓椅子やベンチを設けて読書や編物の場に利用した。

　暖房が普及して窓が大きくなっても、ガラス窓とカーテンの間に鎧戸（よろいど）や遮光布を入れるのは、高度の低い冬の太陽光の直射の眩しさを防ぐためであり、一晩中天空が暗くならない夏の室内を暗くするためである。

　最初の安定した室内照明は、部屋の中央にあった炉の明かりである。灯油や蝋燭の火が照明として利用され始めると、炉は煙突を設けて壁際に移動していった。炉の燃料が貴重なら炉辺の温もりも冬の寒さには貴重である。煙突を寝室に迂回させたり煙突の周囲にベッドを配したり、壁際の奥まった大きな炉の中に椅子を持ち込んで暖をとったりしていた。

　炉の火が調理用と暖房用に分化していくと、こうした暖の取り方は暖炉と寝室の配置方法やイングルヌック（Inglenook：炉辺にベンチなどを備えた小空間やコーナー）として、その後の住

居に引き継がれていった（写真1.8）。しかしこれからは、ガラス窓のコールドドラフト（cold draft：冷やされた空気の下降気流）を防ぐために配される各種暖房設備の開発に留まらず、新素材の開発によって窓ガラス自体で入射光の調整や太陽光発電を可能にする日も遠くはない。

写真1.8　寝室のイングルヌック、ブラショフ・ブラン城、14世紀に税関として建造、1924年からルーマニア王室の夏の離宮、家具は当時のまま

◆**参考文献・図版出典**

「新理科Ⅰ運動・地球編」実業出版、1985
「太陽方位、高度、大気外日射量の計算」中川清隆掲示＠立正大学地球環境科学部環境システム学科、2009
「夜は暗くてはいけないか」乾正雄 著、朝日選書、1998
「木の建築50号／特集」木造建築研究フォラム編集、2000
「日本美術名品展」東京国立博物館編集・発行、1990
「日本の美術No.3 調度」岡田譲 編、至文堂、1966
「名宝日本の美術21桂離宮」斉藤英俊 著、小学館、1982
「フランスの木造建築・1」マルク・ブルディエ 著、『木の建築創刊号』、木造建築研究フォラム編集、1986
「木造軸組構法の近代化」源愛日児 著、中央公論美術出版社、2009
「エコロジー都市・建築／エコハウジングの勧め」小玉祐一郎 著、丸善、1996

第2章 光の演出

2.1 自然採光と省エネルギー

2.1.1 自然光の家：懐かしさを覚える陰影のつくり方

21世紀の現在、地球規模の低炭素化が急務となっており、自然採光や省エネルギーへの取組みが求められている。

現代では、空調を効かせるため、できるだけ部屋を閉め切って生活するのが省エネルギーとされているが、空調する代わりに、開口部を大きくして太陽光や風を採り入れて、自然に身をゆだねる生活を見直したい。

20世紀始め、建築家の自邸として建てられた家（写真2.1）では、昼間は自然光で、夜はわずかな白熱灯の明かりで簡素に生活していた。周りが自然に囲まれて暗いので、少しの明かりでも十分役に立ったに違いない。

居間のハイサイドライトからは、毎日決まった時間に日差しが差し込み、生活にアクセントを添えていたであろう。

洗面所にはトップライトに加えて壁に縦長の窓がつくられ、印象的な景色が見える。

開口部の陰影のつくり方が日本の古民家を思わせ、懐かしさを覚える。

写真2.1　カリフォルニア、シンドラー自邸、建築設計：ルドルフ・M.シンドラー、1921年

2.1.2 光と建築構造：自然光で空間の心地よさをつくる

　ルイス・カーンはキンベル美術館で、自然光と建築構造をマッチさせることにより空間の心地よさをつくる、という長年の夢を実現させた。

　ここでは、長さ100ft、幅23ft、高さ20ftの、6列並んだサイクロイド曲線のヴォールト天井頂部から自然光を採り入れている。サイクロイドとは、円が回転するときの円上の定点が描く曲線軌跡である。

　光は、頂部から入ってすぐ下のアルミ製の反射板に当たり、ヴォールト天井にはね返って室内にあふれる。反射板は2種類あり、展示物により使い分けられている。すべてアルミ製の反射板が取付けられている部屋には紫外線の影響を避けたい浮世絵が飾られ、半分透明な反射板が取付けられているやや明るい部屋には油絵が展示されていた。

　光を受けたヴォールトが、落着きのあるヒューマン・スケールをつくり出し、世界的にもっとも高い評価を得ている美術館である。

写真2.2　テキサス、キンベル美術館、建築設計：ルイス・I.カーン、1972年

2.1.3 サンスコープによる太陽光採光：日差しの移ろいをアトリウムに採り込む

　写真2.3の44階建のオフィスビルは、香港を代表する超高層建築であると同時に、建物中央にある約40のアトリウム（建物の中の大きな吹抜け空間）に、サンスコープを使って陽光を採り込んだ、ハイテク建築としても有名な建物である。

　サンスコープとは、太陽光をアトリウムに導く潜望鏡のようなものである。

　このオフィスビルのアトリウムにいる人に太陽光を採り込んでいることをわからせるには、最低2000ルクスの明るさが必要である。

　しかしシミュレーションの結果では、さまざまな制約の中で、太陽光の明るさは床面で平均150ルクス程度、しかも、日差しの差し込むのはわずか3時間という結論となった。

　そこで設計者は最終的に、明るさを採るためではなく、太陽光を反射させて得られる日差しの移ろいを屋内に採り込んで銀行のアイデンティティの象徴とすることを、太陽光採光の目的とした。

写真2.3　香港、香港上海銀行香港本店ビル、建築設計：ノーマン・R.フォスター、照明設計：クリスチャン・バルテンバッハ＋クロード・エンゲル、1985年

2.1.4　太陽光採光装置：環境への取組みを示す

　太陽光のあふれる外部から写真2.4のオフィスビルに入ると、やや薄暗く感じるロビーが広がっている。

　その奥に、トップライトと太陽光採光装置により床面が明るく照らされた、光庭と呼ばれる7階分の吹抜け空間がある。

　吹抜け空間の頂部に取付けた太陽光採光装置から得る明るさは、最大2000ルクス程度。天気によっては下回る日もある。

　ロビー脇のオフィスの照度を600ルクスに設定したことから、まず、1層分の天井高のロビーで、来訪者に外から内部に移るときの明暗順応を体験させて、その奥の床面に採り込んだ太陽光を少しでも明るく見せている。

　採り込まれた自然光は、ロビーを囲む2階の執務室の回廊からも見下ろすことができることから、この会社の環境への配慮と取組みを象徴するものとして、訪れる人のみならずここで働く人びとの意識に浸透していくことが期待されている。

写真2.4　東京、竹中工務店東京本店、建築設計：竹中工務店、2004年

2.1.5　茶室の陰と陽：和の空間における自然光

　「ともしびに陰と陽とのふたつあり　あかつき陰によひは陽なり」

（利休道歌）。

　16世紀末に千利休によって完成された茶の湯には、自然の光を最大限に味わう茶室が考えられている。厳寒の頃に行われる暁の茶事では、夜明け前の空が白む様子を陰のともしびとして、12月から2月の夜咄の茶事では、和ろうそくの明かりを陽のともしびとして楽しむ。

　写真2.5の美術館の中につくられた茶室には、自然光を採り入れた豊かな空間が広がる。

　葦の茂る人工池に浮かぶ茶室・俯仰軒では、水庭に反射した自然光が葦の茂る深い軒を介して室内に入り込み、吊り障子におだやかな陰影を添える。

　人工池の下につくられた水中茶室・盤陀庵では、地上の明かり取り口から入った日差しが手漉き和紙の壁の中に仕込まれたプリズムに当たり、ほの暗い茶室の壁面に鮮やかな光の筋を描く。

写真2.5　滋賀、佐川美術館茶室、建築設計：竹中工務店＋15代楽吉左ェ門、2007年

2.1.6　照明制御による省エネルギー：仕事の質と生産性も上げる

　主な方法としては、昼光照明、人感センサー、タイマー制御、負荷制限などがある。

昼光照明による省エネは、自然光で明るくなった分の人工光を消すシステムで、照度センサーによって南側で最大50％程度、北側で最大30％程度節約する。
　人感センサーによる省エネは、あらかじめ設定した明るさまで照明をゆっくりと落としたり、ゆっくりと消灯することもできる。
　タイマー制御による省エネは、昼休みや夜間など、照明を使わない時間帯に照明の明るさを落とすシステムである。
　負荷制御による省エネは、数時間のピーク時電力を最大25％下げることにより、ビル全体の契約電力を低く抑えるシステムである。
　手元で照明の明るさを調整できるワイヤレスリモコン機能を、ワーク・ステーションやコンピュータの使用頻度が高い仕事場で使用すると、エネルギーの節約だけでなく、仕事の質や生産性の向上に役立つ。

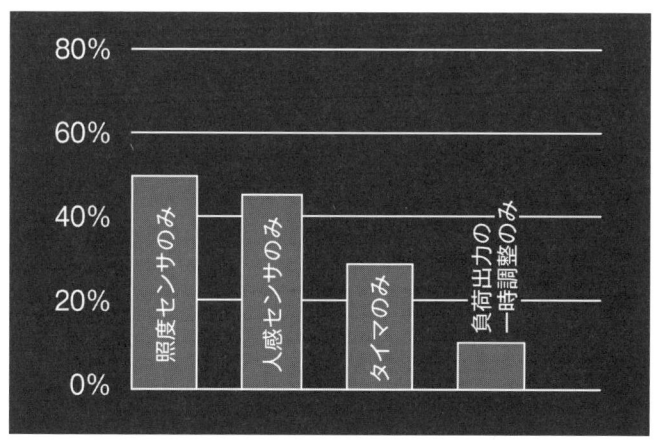

図2.1　省エネの可能性

2.2　照明の移り変わり

2.2.1　サンライトとムーンライト：1921年

　ライトの住宅には、現代にも通用する光が至る所に見受けられる。ホリホック邸の居間の中心には、大型のフロアースタンドが置かれ、室内に広がりを与える天井への間接照明となっている。

ロビー邸には、サンライトとムーンライトのふたつの光が設計されていると案内人から聞いた。赤みのある白熱灯と蛍光ランプのような青白いランプを使い分けているのに違いないと、案内人に聞いてみたがわからなかった。ロビー邸が完成したのは1910年、蛍光ランプが発明された1938年よりもはるか以前であった。

　何年も経ってから、2003年のオークランド・トリビューンのロビー邸を取り上げた記事の中に、「サンライトは木のフレームの中のグローブ、ムーンライトはパネルの後ろに引っ込んでいる器具」と書いてあるのを見つけた。ともに白熱灯の光で、ムーンライトと呼ばれていたのは、リビングルームを四角く囲んでいるスリットから出る光のことであった。

写真2.6　ハリウッド、ホリホック邸（バーンズドール邸）、建築設計：フランク・ロイド・ライト、1921年

2.2.2　エンターテイメントの光：1932年

　ラジオ・シティ・ミュージック・ホールは、マンハッタンの映画の殿堂で、現存する世界最大の単館系屋内映画館である。現在も劇場として使われ、毎年6月にはトニー賞の授賞式が行われる。

　豪華なアール・デコの内装の修理や改修を続けながら、ニューヨークを代表する文化遺産として現在も大切に使われている。大ホールの照明は、当時のデザインをそのまま生かしつつ最新の光

源に替えられた。ホワイエも、カウンターの絵に新たにスポットを加えるなど、アール・デコの特徴をそのまま残しながら、商業施設としてもいつまでも新鮮であり続けるよう手が加えられている。

　天井の高い吹抜けロビーに下がる巨大なシャンデリアには、設計時からメンテナンス用の昇降機能が施されていたという。観光客にも一般公開している。

写真2.7　ニューヨーク、ラジオ・シティ・ミュージック・ホール、1932年

2.2.3　祈りの光：1955年

　ロンシャン礼拝堂に入った人は皆、窓から差し込む、光の厳かな陰影に息を飲む。四角い形の窓からの光が、なぜこれほど厳かに感じられるのか。その答えは、分厚い壁の断面にある。一般的に外光の入る窓があると、輝度の高い窓に対して周りの壁は黒いシルエットとなり、輝度対比の強い空間をつくりだす。輝度とは、ある方向から見た物の輝きの強さのことで、高すぎるとグレア（まぶしさ）となり、不快感や疲労を感じさせる。

　この輝度対比を和らげているのが、窓にはめ込まれた赤、青、黄色、緑の鮮やかな色ガラスと、窓の四周にある斜めに切り取られた分厚い壁の断面である。そして、この斜めに切り取られた分厚い壁の断面が、外から入った光をわずかに反射させてほどよい輝度をつくり、快い刺激と美しい煌めきをつくりだしている。

写真2.8　ロンシャン、ロンシャンの礼拝堂、建築設計：ル・コルビュジエ、1955年

2.2.4　都市照明：1974年

　ロンドンでは150年ほど前、「今日はテームズ川の臭いがあまりに強いので国会を休会にする」という記録が残っているほど河川環境が悪化した。第二次大戦後には海運業の衰退とともにテームズ川沿いの街がさびれてきた。

こうした実情を踏まえ、ロンドンでは都市計画で川の復権を明確に位置づけ、川沿いの建物の高さ制限やリバー・ウォークの整備などが行われてきた。そのひとつに夜間の照明も位置づけられている。

　1970年代始めから、テームズ川に架かる橋や川沿いの建物を照明して、川沿いの地域の活性化につなげようとする「ライトアップ・テームズ」計画が進められ、1974年に完成した。オイルショックで世界中の照明が次々と消される中、光による都市再生の実績が示された。

　加えて、1990年代からは長い間放置されていたサウスバンク地域も開発され、2000年頃にはロンドン・アイ、ミレニアム・ブリッジ、テイト・モダンなどができて、それぞれ個性的な景観照明が行われている。

　今や、テームズ川沿いの広い地域が都市照明の魅力を発信するエリアとして整備され、夜の観光の目玉になっている。

写真2.9　ロンドン、ライトアップ・テームズ、1974年

2.2.5　美術館照明：1989年

　1989年に完成したルーブル美術館の大改造に際しては、建築照明、展示照明の両面にわたり数々の新しい技術が導入された。

昼はガラスのピラミッドで覆われた地下のエントランス広場を自然光で満たし、閉館後の夜は地上広場に煌めくピラミッドの夜景をつくりだして、新生ルーブル美術館のシンボルとするなど、建築照明によって、明るさ、軽やかさ、透明感、煌めきあふれる光に満ちた空間がつくられた。

　これまでは劣化の原因となる紫外線や熱から守るため、明るさを抑えたフラットな光でしか美術品を見せられなかった。改造後の展示照明では、紫外線防止フィルターをつけたローボルトハロゲンランプを使って以前よりメリハリのある照らし方をしたり、紫外線と熱を取り除いた光ファイバーの光で、絵画、古文書、古代裂などを照らすなど、美術品それぞれの魅力を最大限に発揮する光づくりが行われている。

写真2.10　パリ、ルーブル美術館グラン・ルーブル・プロジェ、建築設計：I.M.ペイ、1989年

2.2.6　風力発電：2004年

　自然エネルギーをどのように照明に利用するかの検討が進められている。中でも風力発電には課題が多い。

　平坦な場所に人工が密集している日本では、風車の風きり音による騒音、台風でプロペラが飛ばされる危険、大型風車の建設により景観が壊される、などの問題があったことから、風景になじむ形と微風でも発電する性能を備えた、小型風車の開発が求められた。

写真2.11の風車は、全高約6m、翼全長約3mで、風速2m／秒から発電を始め、風速7m／秒で最大100W程度発電する。
　歩道面に埋め込まれたLED（発光ダイオード）は、通常は電力会社からの電気でピンクに点灯し、風が吹くと風力発電で青色のLEDが加えられて紫色に変わるハイブリッド照明である。歩道を歩いている人は、風の強さに応じて紫色のLEDが波紋のように広がる様子を見て、風のエネルギーで発電したことを知ると同時に、自然の力を感じる。

写真2.11　東京、ハートアイランド新田一番街のモニュメント風車による歩道照明、照明設計：近田玲子デザイン事務所、2004年、撮影：金子俊男

2.3　光源と明るさと色

2.3.1　アーク灯

　日本で初めて電気（アーク灯）が灯されたのは1878年（明治11年）3月25日である。
　1882年（明治15年）には銀座に、高さ約15m、ガラスのホヤでアーク灯の強い光を拡散させた日本初の街路灯が灯された。
　アーク灯は高温となった炭素棒を放電により加熱させて、白熱した強い光を発する。大半が熱として放出されるため、照明とし

ての効率は悪いが、街路灯1灯でろうそく4000本分の、当時としては画期的な明るさだった。

　スペクトルが太陽光線に大変近く、のちにサーチライトや医療用紫外線灯などに、昭和30年頃までは映写用光源として使われた。

　今ではメタルハライドランプに替えられてはいるが、当時のアーク灯を模した記念灯が銀座2丁目グッチ・ビルの前に立っている。

　灯具が地味な上、銀座通りの街路灯よりも高さがあるため、注意しないと気がつきにくいが、銀座に出かける機会に見るとよい。

写真2.12　東京・銀座、日本初のアーク灯を模した記念灯、1882年

2.3.2　メタルハライドランプ

　ある町では、道行く女性の口紅が美しく見えるという理由で、街路灯のランプにメタルハライドランプが選ばれたと聞く。

メタルハライドランプは水銀灯の色の見え方を改善したもので、他の放電灯と比べても圧倒的に演色性が高い。

　人工光で演色性が一番高いのは白熱灯のRa100である。演色性とは、光による色の見え方をRa数値で表したもので、低ワットのランプの中にはRa96のランプも現れた。

　屋内空間で使いやすい20W、35W、70W、150Wの低ワットで小さいコンパクトメタルハライドランプには白色、電球色があり、スポットライトに向いていることから、ショップなどの商業施設で多く使われている。

　高ワットのメタルハライドランプは、太陽光に近い透明感のある白色で、効率が高く、超寿命であることから、天井高のある公共施設の吹抜け空間などに使われる。

写真2.13　東京、府中駅南口第三地区第一種市街地再開発事業、建築設計：府中駅南口第三地区市街地再開発組合＋都市環境研究所＋日本設計、照明デザイン：近田玲子デザイン事務所、2005年

2.3.3　ハロゲンランプ

　ハロゲンランプは電球の一種で、一般の白熱電球より50%程度明るい。優れた色の見え方と暖かみ、光の制御のしやすさを生かした、コンパクトでデザイン性に優れた照明器具が多くつくら

れている。

　光の色は白熱電球に比べて白く、色温度3000ケルビンのランプが一般的であるが、白を際立って見せる昼白色4700ケルビンの特殊なローボルトハロゲンランプもある。

　色温度は光の色を数値で表したもので、単位はケルビン。数値が低いほど赤みがあり、高いほど青白いことを表す。

　熱を器具の後ろ側に逃がす役割のダイクロイックミラー付きのローボルトハロゲンランプを使用すれば、スポットライトとして商品を照らしても、熱くなりにくい。

　あらかじめ狭角、中角、広角に配光設計されたランプは、効率がよく、調光もできるため、ホテルやレストラン、店舗などに広く使われている。

写真2.14　帯広、北海道ホテル本館改装、建築設計：象設計集団、照明デザイン：近田玲子デザイン事務所、2001年

2.3.4　光ファイバー

　光ファイバーは光源ではないが、光源から離れた場所に明るさを伝達する二次光源といえる。光ファイバーを使う利点は三つある。

　第一は、離れた場所を照明できることである。メンテナンスしやすい場所に光源ボックスを置き、側面発光の光ファイバーを建

物頂部に設置すれば、光るラインができあがる。

　第二は、グラスファイバーを通過することによって、ファイバーから出る光には熱と紫外線がなくなることである。

　熱と紫外線は、変色や劣化の大きな原因となる。特に嫌うのは染色した布地や書画などで、これらの展示照明にはできる限り取り除くことが求められる。

　第三は、陶器や仏像の下側にできる陰を和らげるため、展示物の下側から目立たないように光ファイバーの光を当てることである。

　展示照明に使われている光源はローボルトハロゲンランプで、特別な反射板により超狭角の光をつくりグラスファイバーに送る。

写真2.15　石川県九谷焼美術館、建築設計：象設計集団、照明デザイン：近田玲子デザイン事務所、2002年、撮影：北田英治

2.3.5　シームレス蛍光ランプ

　蛍光灯は1938年に誕生し、1950年代以降一般に使われるようになった。

　白熱灯に比べて格段に明るく、寿命も長い。総合的な面で経済

的であることから、オフィスや学校、公共施設などに使われる。

6500ケルビンの昼光色、5000ケルビンの昼白色、4200ケルビンの白色、3500ケルビンの温白色、2800ケルビンの電球色と、光色の種類も多くつくられている。

これまでたくさんの種類の蛍光灯が生み出されてきた中で、シームレス蛍光ランプは、ランプをオーバーラップさせずに天井や壁を均一に明るく照らすことができる間接照明には欠かせないランプである。ソケット部分が表に出ないので、ランプそのものを光のラインとして、表現することもできる。

電球に近い暖かみのある光色で、明るさを変えられる調光タイプ、まぶしさを押さえた低輝度タイプもあり、ホテルや住宅などにも広く使われている。

写真2.16　東京、工学院大学八王子キャンパス・スチューデントセンター、建築設計：澤岡清秀＋山本・堀アーキテクツ設計共同体、照明デザイン：近田玲子デザイン事務所、2007年、撮影：浅川敏

2.3.6　冷陰極形蛍光灯（冷陰極管）

液晶バックライト用の光源として急速に発展した小型蛍光管の一種で、一般の蛍光灯のように加熱後の放電ではなく、常温で放電を行うことから冷陰極管という。

管径は2.6mmと非常に細く、この冷陰極管をアクリル導光板に添わせると、エッジライト方式に光が広がり、面発光する。

ランプの色温度は5200ケルビンで、太陽光の色に近い昼白色である。
　写真2.17の集合住宅では、エントランスからロビーにかけて続く四角いコンクリートの列柱を、太陽光の色に近い冷陰極管の白い光で発光させて、都心居住者にふさわしいハイセンスな空間につくり変えるために使用した。
　ランプ交換ができるように、柱の上下にランプを取付け、導光板を使って柱中心に向けて光を広げている。
　消費電力は柱一面につき約42Wと極めて少ない。ランプ寿命は4万時間と長く、毎日10時間点灯しても10年は交換不要である。

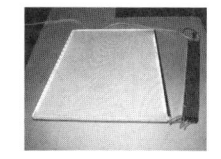

写真2.17　東京、ディアナガーデン広尾、建築設計：鹿島建設、照明デザイン：近田玲子デザイン事務所、2006年、撮影：㈱SS東京

2.3.7　LED

　1993年の青色LEDの開発によりフルカラー表示が可能になり、1996年には白色LEDが誕生した。
　雰囲気を重視する場所には不向きとされてきたが、省エネルギーに資する光源として、一般住宅でも廊下や玄関灯など長時間使用する場所で効率的なため普及し始めた。暖かみのある光色、活動的な光色など、選択の幅の広がりと同時に、演色性（100を上限に物の色の見え方を数値で表したもの）も向上してきた。

2.3　光源と明るさと色　　35

消費電力は白熱電球の1/7、LEDの価格は蛍光ランプの16倍もする一方で、光源の寿命は蛍光ランプの3倍以上。効率向上と価格低下により、近い将来主照明用の光源となるのは確実であることから、多くの企業が開発にしのぎを削っている。

他の光源にない特徴としては、R.G.B.温白色、電球色の割合を「タイムスケジュール」として組んで、時間に応じて明るさや色を変えることができる点である。

写真2.18 東京、明治大学駿河台キャンパス　アカデミーコモン、建築設計：久米設計、照明デザイン：近田玲子デザイン事務所、2004年

2.4 光の感性的演出

2.4.1 光の館：陰影礼賛

里山の自然が残されたこの地方には、周囲に人家もなく夜になると闇が広がる。訪れる人は1泊して、昼と夜、四季折々に変化する自然光に出会い、日常生活では気づかなかった光を味わう。

谷崎潤一郎の陰翳礼賛に着想を得て創られた建物は、夜の闇が

見えやすいように明るさを押さえた光となっている。

　写真2.19 "outside in" は、広い和室の可動式の屋根が大きく開き、自然の光の中で生活できる空間としてつくられた。四角く切り取られた青空、夕暮れの空の色、日の出の空の色、青、橙、黄色、藍…、異なる表情を見せながら刻々と変わる空の色を寝転んで眺められる。

　浴室の非日常的な光体験も、日常生活での明るさに慣れた来訪者に強烈な印象を残す。青く光る細い線で枠取られた入口。浴槽に埋め込まれた光ファイバーのラインが、外の闇とひとつながりになって水の中にゆらぐ。

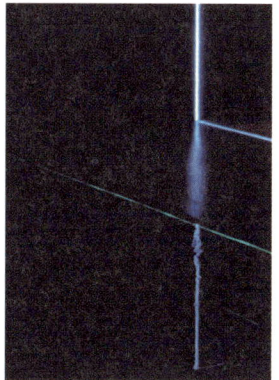

写真2.19　新潟、光の館、作者：ジェームス・タレル、2000年

2.4.2　The weather project：沈まぬ太陽

　テート・モダン美術館の7階分、3400㎡のホール全体を使って、来場者に沈まぬ太陽を体験させた作品である。

　ホールの突き当たり壁面につくられたのは、大きな半円形の光る面だけ。半円形は天井の鏡面に映り込み、円い形に見えてくる。仕掛けはいたってシンプルながら、黄色い光を放つ大きな太陽は、圧倒的な力でホール全体の空間を支配する。

光源として使われているのは低圧ナトリウムランプ。水銀灯の約3倍の明るさがあることから、ひと昔前にはトンネルの照明として使われていた。オレンジイエローの単色光であることから、黄色以外のすべての物がモノクロームに見える。黄色い光に映し出された人間たちは、あたかも自然に抗えない黒い小さな物体として映し出される。

　鑑賞者はホールの床に寝転び、天井に映り込む自分の姿、黒い生き物としてうごめく人間の姿を、宇宙人を見るように見つめる。

写真2.20　ロンドン、テート・モダン美術館の企画展、作者：オラファー・エリアソン、2003年

2.4.3　虹龍：水のゆらぎがつくる虹

　長さ70mの駐車場と歩道を隔てる壁に、太陽光と水を使って、光の現象を視覚化する作品としてつくりだされた虹である。

　壁から2m離れて幅2mの水路、4mの歩道がつくられ、その水路の水の中に14㎝×20㎝×3㎜の傾斜したステンレス板75枚が設置されている。そのステンレス板に太陽光を屈折反射させることで水のゆらぎを生み、その水のゆらぎの中から虹を発生させ

ている。

　仕掛けはいたってシンプルであるが、水のゆらぎで光が分光されるためには、太陽の角度と板の設置角度の関係に鍵が隠されている。

　虹が映し出されるのは壁の北側で、太陽光が水路に降り注ぐ天気のよい昼間である。

　初めてこの虹を見た人は、どこから虹が出てくるか全くわからない。晴れているのにどうして壁に虹が見えるのか不思議に思うことであろう。何しろ、そこに見えるのは太陽と水だけなのだから。

写真2.21　大阪、和泉シティプラザ、作者：吉田重吉、2002年

2.4.4　時の庭：一つひとつ違うスピードで変わる光

　市民のための複合施設として建てられた和泉シティプラザの中心に、120個の青い光を放つLEDを設置した竹林の庭がつくられた。

　120個のLEDにはそれぞれデジタルカウンターが埋め込まれていて、一つひとつ違うスピードで変わる数字が表示されていく。LEDは、わずかな消費電力で発光するランプで、寿命は平均4万時間と非常に長く、点滅や明るさをコンピュータプログラムでコントロールできる特徴がある。

　和泉市の市民が集う広場に設置されることから、和泉市在住の65歳以上のお年寄り120人に、LEDの数字表示機の表示スピード

を自由に決めてもらうことにした。竹林のあちらこちらで小さく瞬く120個の数字表示機は、120人のお年寄りの時間感覚が加えられたことにより、LEDの工業製品的な無表情な光から、竹林の庭に永遠の時を刻む光へと変えられた。

写真2.22　大阪、和泉シティプラザ、建築設計：佐藤総合計画、作者：宮島達男、2002年

2.4.5　One Candle：3色の焔

　作者は、20世紀音楽とのコラボレーションによるインスタレーション作品を数多く残し、2006年に亡くなったビデオ・アートの開拓者として知られている。

　この「One Candle」は、音の入っていないわずか15秒の短いビデオ作品で、主役は1本のシンプルなろうそくである。

絵具の場合、赤、青、緑の三原色を混ぜると黒になってしまうのに対し、光の場合は白になる。ろうそくに向けて赤、緑、青の光を当てると、三つの色光が当てられたろうそくの陰は、三つの色光の位置のずれにしたがって、壁に3色＋白のカラー・シャドーをつくる。

　壁に映し出されているのは、4ヵ所の別々な角度から撮影されたろうそくのカラー・シャドーであるが、目の前に見えているシンプルな1本のろうそくの存在感と、そのろうそくの焔のわずかなゆらぎに伴っていっせいにゆらぐ、壁のカラー・シャドーの華やかさの対比が見る人を魅了する。

写真2.23　ドイツ、フランクフルト現代美術館、作者：ナム・ジュン・パイク、2004年

2.4.6　光のタイムトンネル：63秒の光のドラマ

　福岡県太宰府天満宮と九州国立博物館をつなぐ長い通路につくられた、光のタイムトンネルである。

　小高い山の中腹につくられた博物館を訪れる人の多くは、まず太宰府天満宮を見て、そこからエスカレーターで斜面を上り、その

先に真っすぐ伸びるこの光のタイムトンネルを通って国立博物館の建物前に到着する。このトンネルは、長い歴史を刻む太宰府天満宮から、歴史を未来につなぐ博物館へとワープする結界でもある。

　トンネルにはカラーLEDが3列設置されていて、色と点滅を同時にコントロールさせて60秒の動く光が創られている。光のタイムトンネルは、長さ80mの動く歩道に乗って移動する63秒の間に体験することができる。

　光のテーマは「空」。晴れた空に黒雲が出始め、雨となる。やがて雨がやみ、虹が出て、再び青空に戻る。春、夏、秋、冬と、季節ごとに選ばれた空の色の組合せに天気の移り変わりの動きが重ねられ、トンネル内にスピード感あふれる鮮やかな雲が流れる。

写真2.24　福岡、九州国立博物館、建築設計：菊竹・久米設計共同体、照明設計：近田玲子デザイン事務所、2005年

◆資料提供・協力
パナソニック電工㈱
ルートロン　アスカ㈱

第3章 色の演出

3.1 色彩の生理、心理的機能

3.1.1 人体は光である

　理論物理学者のデーヴィッド・ボーム[*1]の「物質は全て光が凍結したもの」との説に、初代国際色彩療法協会会長のテオ・ギンベル[*2]も同様に、「人体は光である」と唱えた。ギンベルは人が健康であるために必要な完全なる光源は太陽光であるとし、スペクトル（連続波長、図3.1）が偏ると、欠けた色素が対応する内臓や関連する身体の部位が病んでくるという。そして、身体と心は表裏の関係にあり、身体の各部位は虹の色と対応しているが故に、たとえば、ある部位（たとえば心臓＝緑色）が病むことは、その緑色の摂取量に過不足が生じた状態であるとともに、心の状態にも反映すると説く。

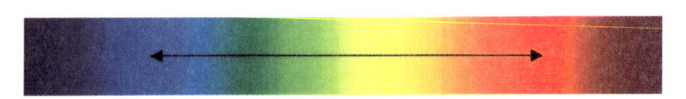

400nm 短波長域 ←―――――――――――→ 長波長域 700nm

図3.1　健康な人体は虹のスペクトル（可視光）に対応

　古代からさまざまな国に残る伝統医学は近代医学の礎であり、昔から原始的な勘と経験値から、医療体系が積み上げられてきたのである。したがって、今流行りの（進化した）アロマセラピーやミュージックセラピーと並んで、カラーセラピーも17世紀までは主流であったとされる。たとえば、古代インド伝承医学ではチャクラという概念があり、その考え方では漢方医学の経絡（ツボ）に似ていて、人体の尾てい骨から頭頂部までの脊椎に沿って8カ所の見えないスポットがあるという。ギンベルはこの漢方とインド哲学をミックスした方法論でカラーセラピー理論を展開した。それらのチャクラはすべて内臓のいずれかにつながる反応点であるとする。チャクラが、さまざまな色光を使って臨床的に得た結果をまとめると表3.1のようになる。

　地球上の物質的存在は、私たち人間を含めてすべての生物が光の恩恵を受けて生まれ育つ。それ故に屋内外の生活環境色は表層意識のみならず、深層意識に至るまで大きくかかわっている。

表3.1 各色に対応するチャクラと生理心理的効果イメージ

色 名	身体部位	生理的効果	心理的効果
赤	仙骨、生殖器	血圧上昇、興奮、活気	活気、やる気、エネルギー
橙	大腸、副じん	やや、赤に準じる	発散、陽気、パワー
黄	胃腸、胆のう	運動神経、向上、集中	行動力、知力、快活
緑	心臓	覚醒、明視、リフレッシュ	新鮮、再生、生命力
青	甲状腺	平静、落着き、バランス	落着き、平和、安定
青紫	下垂体	沈静、リラックス、集中性	内向、静ひつ、思索
紫	眉間、松果体	瞑想、深い弛緩状態	精神性、直感、荘厳
マゼンダ	頭頂部	異次元、至高体験	脱俗感、純粋性

＊1　David Joseph Bohm：1917～1992年（アメリカ）、理論物理学者、哲学者、思想家、ロンドン大学教授
＊2　Theo Gimbel：1920～2004年（ドイツ）、イギリスで色彩療法の第一人者として活躍

3.1.2　色光の効果と応用（光源色）

　インテリアの色彩は大きく気分を左右する。著者はかつてインテリア配色についての感情的効果や、室内イメージについての実験を重ねていた折、高名な色彩学者フェイバー・ビレン[＊3]が来日し、講演で話した内容―「人間は自らが設計した人工環境に生活する度合が強まるにつれて多くの問題に直面することになった。光源は太陽の全スペクトル（連続波長）を複製するかそれに近いものであることが必要である。さもないと異常な生理的効果が引き起こされるだろう」との示唆から色が光であることに気付かされたのである。

　筆者は色には心理的効果のみならず生理的にも何らかの影響があると感じ、その一環として行った研究では、標準的リビングルームを想定したインテリアの1／5模型を使い、その空間を青、赤、緑、橙、黄、マゼンタなど毎回異なる6色の色光によって照射し、被験者はそれを一定時間、覗き込んで評価するテストを繰り返し行った。その結果、主観評価の段階では、ある種の赤とピンクの色光は快適で調和感をもたらすという効果があった。また心身の自覚症状の因子分析結果では、第1因子から第3因子まで「リラックス感」「興奮性」「覚醒感」が順に主要因子となり、それと結びつく色光の効果として、赤は「興奮」と同時に「緊張」し、青、緑、ピンクの順に「リラックス感」から「沈静感」の方向に

影響を受けた。心理・生理的測定（感情、脳波、呼吸数、脈拍数、血圧）では、顕著に影響があると認められたのが青、赤、緑であった。そのうち、赤光で満たされた空間への脳波の波形は明らかに興奮を示し、呼吸・脈拍ともに上がり、心理的にもほとんどの被験者が「興奮」「不快」とする突出した反応を示した。また、青、緑への生理的反応には、類似した沈静効果やリラックス効果が見られ、心理的測定では緑が意識において覚醒的で「目がはっきりする」という反応であった。この種の反応は1968年にR.ジェラルド[*4]によって同様の研究結果が報告されており、筆者が試みたインテリア空間を想定した実験でも同様の傾向があった。表3.2は個人差の少ない生理、心理反応として、生活空間に応用できる色の効果と生活空間での役割を示したものである。

表3.2 色光の効果と生活空間での役割

	色光照射による反応結果	生活空間への効用
赤	呼吸数、脈拍数、血圧が上がり、興奮、活性化させた	食卓、団らん、接客、子供の室内遊び
青	呼吸数、脈拍数、血圧が下がり、沈着、弛緩の働き	読書、学習、睡眠、リラクゼーション
緑	呼吸数、脈拍数、血圧共に中庸で、視界がはっきり	読書、デスクワーク、精密作業

*3　Faber Birren：1900〜1988年（アメリカ）、色彩学者
*4　R.M.Gerard：（アメリカ）、色彩生理学者

3.1.3　色の見え方の効果と応用（物体色）

　厳密に物理的な数値で表される色も、人の眼に見える色は周辺の条件が異なれば、錯視的現象によって色の見え方に変化が起こりやすい（図3.2〜図3.6）。この背景色と目的対象色との関係に見られる対比現象を、インテリアに応用するには、工場や病院、公共施設などにおいて注意を喚起し、視認性を高める必要のある空間または設備に、また対象者としては特に身障者や、子供、高齢者、あるいは視覚的ハンディキャップ者などには生活行為を助ける意味で有効である。

(1) 色の対比現象

色相対比：同じ色の図柄がふたつの異なる色相の背景色（a：橙、b：青）に置かれた場合、前者は青寄り、後者は赤寄りに見える。

図3.2　色相対比

図3.3 明度対比

図3.4 彩度対比

図3.5 補色対比

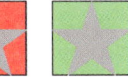

図3.6 色陰現象

明度対比：同じ色の図柄がふたつの異なる明るさの背景色（a：暗い背景、b：明るい背景）に置かれた場合、前者は明るく、後者は暗く見える。

彩度対比：同じ色の図柄がふたつの彩度が異なる背景色（a：鈍い背景、b：鮮やかな背景）に置かれた場合、前者は鮮やかに後者は濁って見える。

補色対比：色相環上で180度の関係にある色どうしは補色（赤—緑、青—橙、紫—黄色など）の関係と呼ばれ、最大の対比現象となって、相互が輝きあう（a：緑の背景に紫、b：黄の背景に紫）。

色陰現象：背景色が高彩度色の場合には、図柄が無彩色（白—灰—黒）であっても、その補色の関係にある色が図柄の灰色に影響がでる。a：赤の背景では緑寄り、b：緑の背景では赤寄りに見える。

(2) 単色の見え方

　私たちは異なる色を見つめるとき、感情やイメージも異なることを経験しているが、同様に視覚的にもさまざまな見え方がある。それらは歴史文化や性差を超えた、より生理心理的な共通現象として、次のような視覚特性が認められている。それらは、図3.7のように長波長域に対応する暖色色相域には実際よりも膨張、進出、興奮効果が、また、短波長域に対応する寒色色相域には、収縮、後退、沈静効果が見られる。図3.8、図3.9はそれらの相乗効果を表した事例である。

　その他、色相のみならず、トーン（明度×彩度）も関係する効果として　硬—軟、軽—重、明—暗、集中—拡散、開放—閉鎖などの感覚もあり、これらは、室内の明暗感、寒暖感、面積感などの演出に効果を発揮できる。

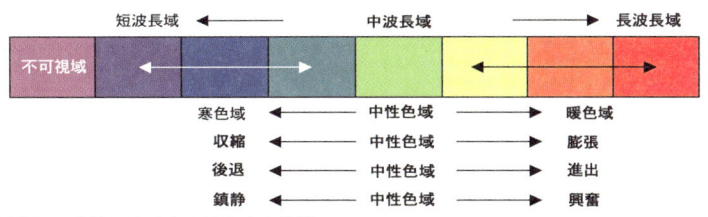

図3.7　単色による色の見え方の特徴

3.1　色彩の生理、心理的機能

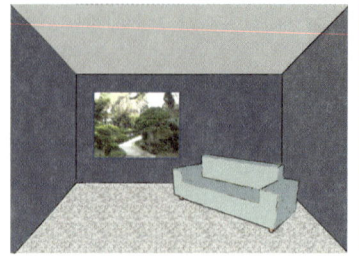

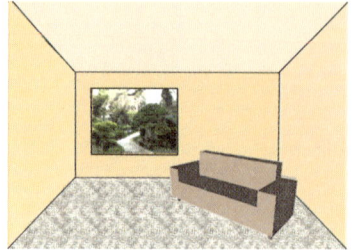

図3.8　寒色によるインテリアの奥行き感　図3.9　暖色によるインテリアの近接感

3.2　室内配色の演出

3.2.1　配色の基本

　インテリアカラーとは室内全体の配色を指し、単色どうしの集合体ではない。また、実生活での空間構成物は日々、流動的に変化している。さらに人の目を通して色を認識する生理的感覚段階があり、次に心理的な感情、記憶、イメージを呼び起こすまでには、人によって千差万別の反応が生まれるのは当然である。そのため、人の感情に直接左右するインテリアカラーを厳密な数値で論じるのは適切ではなく、個人差の大きい人の情緒的評価は大掴みで捉えたい。

(1) 調和のルール（PCCS[*5]を用いた色彩調和の形式）

　私たちになじみのあるJIS標準色票は改良マンセルカラーシステムに準拠したものであるが、このカラーシステムの3属性（色相、明度、彩度）を基に開発されたムーン＆スペンサーの色彩調和理論[*6]がある。その概念は表3.3、表3.4のように三つのカテゴリーによって配色型を分類している。

表3.3　ムーン＆スペンサーの色彩調和領域

調和配色領域	定量的範囲
同一配色（H.V.C）による調和	マンセル色相及び明度、彩度差が最小識別域内 色相差7-12、明度差0.5-1.5、彩度差3-5
類似配色（H.V.C）による調和	色相差7-12、明度差0.5-1、彩度差3-5
対照配色（H.V.C）による調和	色相差28-50、明度差2.5-10、彩度差7以上

表3.4 ムーン＆スペンサーの色彩不調和領域

不調和配色領域	定量的範囲
第1不調和領域（第1曖昧領域を指す）	色相差7以内、明度差0.5以内、彩度差3以内
第2不調和領域（第2曖昧領域を指す）	色相差12-28、明度差1.5-2.5、彩度差5-7
眩輝の不調和	極端に対照的な不調和。180度の対比関係

(2) PCCSによる色相の概念と配色領域の呼称

前述の3属性が基になった調和理論を2属性、すなわち色相とトーン（明度×彩度）に置き換えたのがPCCSカラーシステムの特徴である。それはムーン＆スペンサー理論によると3属性別々に配色型（図3.10、図3.11）を分けて考えなければならないため複雑になり、実際には理論に適合しないケースもあり得るからである。

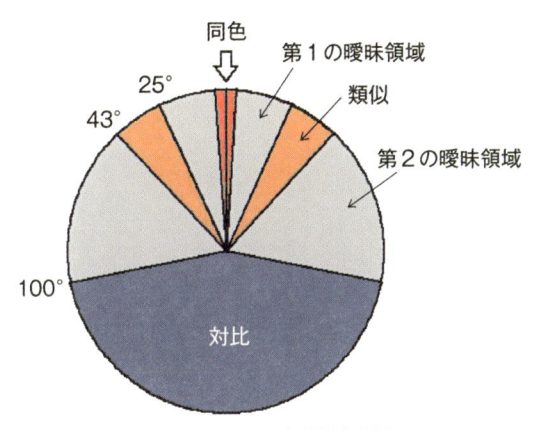

図3.10 ムーン＆スペンサーの色相調和領域

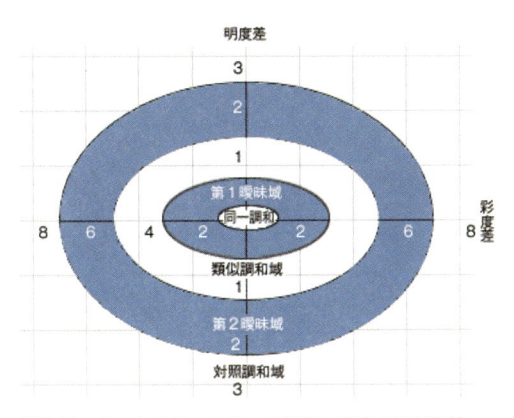

図3.11 ムーン＆スペンサーの明度・彩度の調和領域

PCCSでは色相が24分割になっている。図3.12に見られる24色についてローマ字と数字で表された各記号はその色相が何色かを示している。たとえば8：Yはもっとも純粋な黄色、12：Gはもっとも純粋な緑を表す。図の下部における説明書きの「心理四原色」とは赤—2：R、黄—8：Y、緑—12：G、青—18：Bであり、その心理補色色相はその正反対側に位置する青緑—14：BG、青紫—20：V、赤紫—24：RP、黄みのだいだい—6：yOとなる。ではこれに基づいて配色の基本を考えてみよう。

　以下、色相およびトーンによる配色型を調和システムで分類すると図3.13のようになる。

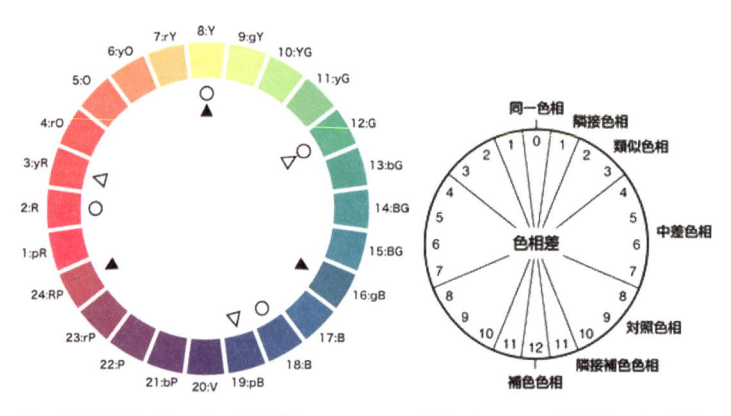

○：心理四原色（赤・黄・緑・青）
▲：色材の三原色（C・M・Y）
△：色光の三原色（R・G・B）
図3.12　PCCSの色相環

図3.13　PCCS色相環による配色型の関係

註：国際的に慣用されているムーン＆スペンサー調和理論では同一、類似、対照（補色を含む）調和領域の他に、隣接色相領域と中差色相領域を不調和領域として位置付けているが、PCCSではテストの結果、不調和領域として扱わない。

＊5　PCCS（practical color co-ordinate system）：㈶日本色彩研究所開発によるカラーシステム
＊6　ムーン＆スペンサーの色彩調和理論：1944年にムーン（P.Moon）教授と助手スペンサー（D.E.Spencer）がアメリカ光学会に発表した色彩調和論

(3) トーンの概念と配色領域の呼称

トーンとは、明度と彩度が重なり合った複合概念である。

図3.14のように右側放物線の最先端部は、純色（高彩度色相）が位置しており、左側はグレイスケールと呼ばれる無彩色領域である。その最上部領域が白色、最下部領域が黒色、中間領域が中間グレイとなり、明るさによって大きく5段階に分けられている。

このうち、右先端部の純色と最上部の白、最下部の黒を結んで弧を描くようにつなぐとできるのがトーンの概念図（図3.14）である。この中には（鮮・鈍、明・暗、強・弱、濃・淡、浅・深、グレイッシュ）の色調を大きく12種（p、lt、b、v、dp、dk、dkg、g、ltg、sf、d、s）[7]に分類したトーングループが配置されている。図3.15は類似トーン配色の関係、図3.16は対照トーン配色の関係を表す。

[7] トーン名の名称と意味
p：pale＝薄い　lt：light＝弱い　b：bright＝明るい　v：vivid＝鮮やか　dp：deep＝濃い　dk：dark＝暗い　dkg：dark grayish＝暗灰　g：grayish＝灰　ltg：light grayish＝明灰色　sf：soft＝柔らかい　d：dull＝くすむ　s：strong＝強い

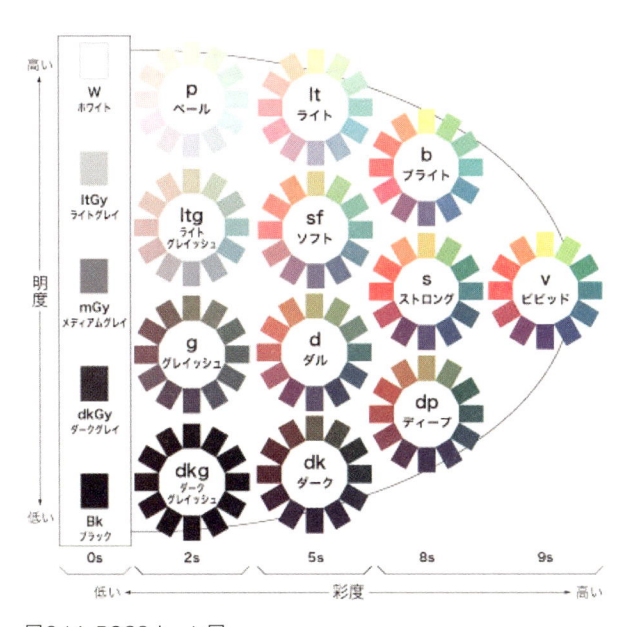

図3.14 PCCSトーン図

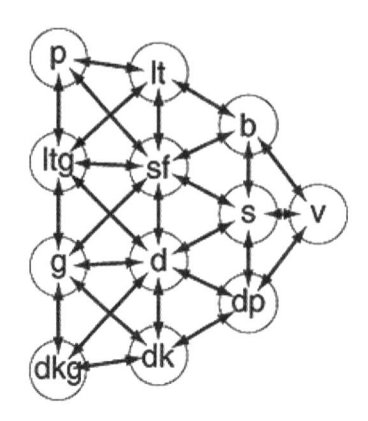

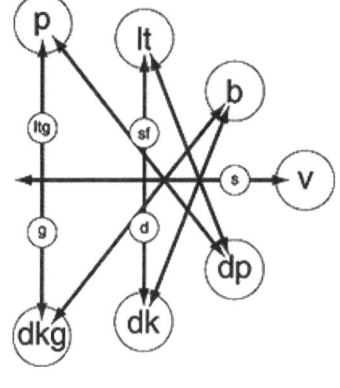

図3.15　類似トーン配色の関係　　図3.16　対照トーン配色の関係

3.2.2　PCCSによるインテリアカラーコーディネーション
（1）インテリア配色モデル

　配色のヴァリエーションには2色配色、3色配色、4色配色、多色配色などその組合せは幾通りもあるが、インテリア空間は雑多な生活用品で構成される多色空間である。そこで、筆者ら研究グループはテストを重ね、前述の色相とトーンによる配色モデルを提案した。

　それは、いかなる配色でも、視覚的な第一印象としてあげられた三つの感覚、すなわち①コントラスト感、②明るさ感、③多様性からなる配色のための立体モデルといえるもので、これを図示（図3.17）すると、1軸が明度配色軸（明るさ感：明るいvs暗い）、2軸がトーン配色軸（コントラスト感：対照vs同一、類似）、3軸が色相配色軸（対照vs同一、類似）を意味する。

　図3.18はインテリア配色モデルの概念から導かれたインテリア配色モデルの構造をわかりやすく図示した。すなわち、①ユニティ、②ハード、③ソフト、④バラエティという四つの配色グループである。

註：この4タイプはさらに明るい配色群と暗い配色群に分かれている（図3.18の上段が明るい配色群／下段が暗い配色群）

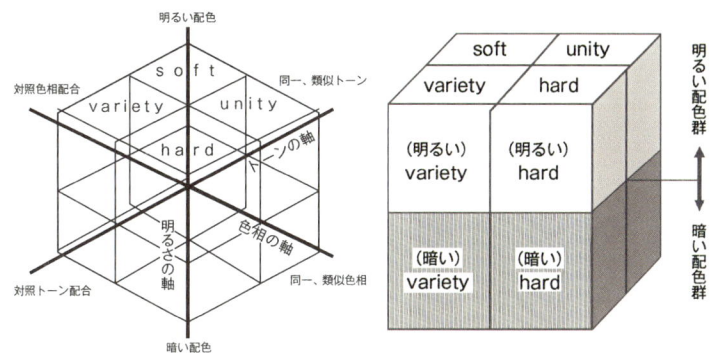

図3.17 インテリア配色モデルの概念　　図3.18 インテリア配色モデルの構造

以上の四つの配色型についてその特徴をまとめると、その傾向は表3.5のようになる。

これにしたがって、各々の配色群の特徴を図示したものが図3.19～図3.22である。

表3.5　配色型とその特徴

配色型		配色の特徴	配色型の構成	合成されたイメージ	配色型事例	
ユニティ	H	同一、類似	アイデンティティ	自然で落ち着いた調和	unity	light
	T	同一、類似	アナロジー	ナチュラル、和風モダン	unity	dark
バラエティ	H	対照	バラエティ	活動的、派手、個性的	variety	light
	T	対照	コントラスト	カジュアル、ダイナミック	variety	dark
ソフト	H	対照	バラエティ	暖かい、柔らかい、クラシック	soft	light
	T	同一、類似	アナロジー	華やか、エレガント、女性的	soft	dark
ハード	H	同一、類似	アイデンティティ	人工的、硬い、冷たい	hard	light
	T	対照	コントラスト	弾性的、ハイテク、モダン	hard	dark

※H＝色相、T＝トーン

図3.19　ユニティ配色モデル例 　　図3.20　バラエティ配色モデル例

3.2　室内配色の演出

図3.21　ハード配色モデル例　　図3.22　ソフト配色モデル例

　ただし、わが国の特色として現代のプレファブ住宅の傾向を見ると、ほとんどは「ユニティ」か「ハード」に偏向しているのも事実で、若干「ソフト」配色も増えつつあるが、図3.20のような「バラエティ」配色については皆無というほど見当たらないものである。しかし、居住者が生活し始めると子供部屋などには持ち込まれる家具遊具などで「バラエティ」配色が見られるようになってくる。
　これを実例写真で分類すると写真3.1～写真3.4のようになる。

写真3.1　ユニティ配色モデル例（日本の茶室）

写真3.2　バラエティ配色モデル例（中国トルファン農家室内）

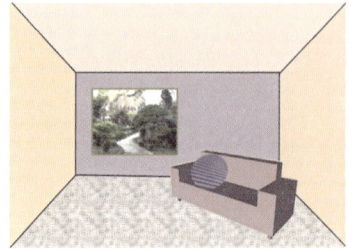

写真3.3　ハード配色モデル例

写真3.4　ソフト配色モデル例

(2) インテリア配色部位の優先順位と呼称

色彩計画を考える場合、最初に室内全体を見渡して、通常、もっとも主勢となる部位の面積比に応じて優先順位が決められ、次のようになる（図3.23参照）。

- 基調色（ベースカラー）：最大面積比を占める部位。壁面、天井、床面などが該当し、背景色となる。通常、高明度、低彩度の抑制色が使われる。
- 従属色（アソートカラー）：二次的面積比をもつ部位。カーペット、カーテン、間仕切り家具、ソファーなど。同一、類似色を用いると室内全体が調和して落ち着く。
- 第2従属色（サボーディネートカラー）：三次的面積比をもつ部位。上敷きラグ、小型家具や調度品。従属色と同化しやすい類似色を用いると変化と深みが増す。
- 強調色（アクセントカラー）：最小面積部位を占める小物類。クッション、絵画、置物、ランプ類、観葉植物などで、ルームアクセサリーとなって目立つ室内の主人公である。その色彩の役割を考えるとき、全体色調の流れに同調して高彩度色になるか、あるいは流れに逆行して対比色を用いるかは、全体のデザインコンセプトによる。
- 主調色（ドミナントカラー）：以上の配色部位が室内全体に配置された場合、近似する従属配色どうしでは同化しやすく全体の印象は基調色をしのいで主勢となり主調色になる。

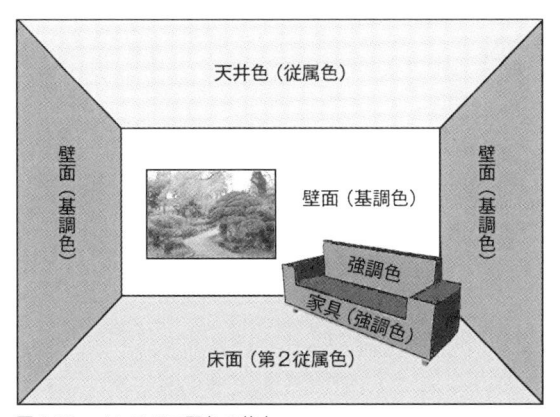

図3.23　インテリア配色の基本

3.2.3 ライフスタイル別イメージ配色による演出

　まず、インテリア空間は雑多な生活用品で構成される多色空間であることを念頭に置くべきである。したがって、2色配色や3色配色などのモデルを参考にする場合には、主調色を中心に面積比の細かい部分に関しては抑制色を用いるか、省略することが考え方のテクニックとなる。ここでは、むしろ、実際の空間を想定した配色のあり方を考えてみたい。そこでライフスタイル別にインテリアカラーコーディネーション（システム）による分類（以下、ICCSと呼ぶ）とともに簡単なイメージ色の傾向を述べてみよう。

・モダン：ICCS＝ライト・ハード／ライト・ユニティ　現代日本ではもっとも人気が高い万人向けの色調が明るくシンプルなナチュラル配色。もうひとつはコントラスト感を強調した白黒配色で、いっさいの無駄を排した無機質性と都会的センスを演出。前者は女性に人気が高く、後者の方は特に男性、若者好み。

・クラシック：ICCS＝ダーク・ソフト／ダーク・ユニティ　明るい配色群のケースでは、ファブリクスに負うところが大きく、ライフスタイルでは装飾的で「エレガント」に通じる。他方、暗い色調のカーペットと重厚なリビングセットの色が融合して下方（床部分）に重心が集まり、落着きと風格、伝統感を演出するケースの方が多いものである。

・ナチュラル：ICCS＝ライト・ユニティ　日本人がもっとも好むライフスタイルで、全体が天然素材色と明るいオフベージュ系が多く、清潔感とともに室内全体が暖かく、ソフトで陽光に満たされたイメージになる。

・ダンディ：ICCS＝ライト・ハード／ダーク・ユニティ　2通りのタイプがある。ひとつは「モダン」「カジュアル」感覚と重なりあい、軽快、直截的なデザインで、コントラスト感の強い対比トーン配色。もうひとつは、高級家具などによって落着きと風格を演出する色調。ステイタスを重んじる中高年男性向き。

・カジュアル：ICCS＝ライト・ユニティ／ライト・バラエティ　明るい基調色を背景に家具などはシンプルなカラーボックスなどを組み合わせたりして、ソファーやクッション、カーテンやテーブルクロスなどの色で注目を集める。アクセントカラーに

は思いきった高彩度の色を施して楽しさと軽快感を演出する。
・カントリー：ICCS＝ダーク・ソフト／ダーク・ユニティ　カントリースタイルの配色は特に木彫を施した重厚感のある家具と木材質の色に負うところが多い。主調色はほぼ、オークなどの床材と相まって素朴なウッディイメージの焦茶から赤茶色になる。ただし、ファブリクスなどのアクセント色で、暗い室内では彩りに変化をつけるとソフト配色になってくる。
・エレガント：ICCS＝ダーク・ソフト／ライト・ソフト　全体の印象はソフトな暖色系で曲線的な構成と、古典的装飾が多く、ファブリックスを多用し、繊細で華麗なイメージ。
・アジアンテイスト：ICCS＝ライト・バラエティ／ダーク・ソフト／ライト・ソフト　近年、東南アジアリゾート地域での演出方法に関心が向けられてきている。それらの傾向は多様で、南国の自然素材を多用し、色彩的には南国の普遍的な風土色がイメージされる。

以上の条件に該当する実例として、以下、それらライフスタイル別の典型的なイメージを写真3.5～写真3.20に掲げた。

写真3.5　モダン

写真3.6　モダン

写真3.7　クラシック

写真3.8　クラシック

3.2　室内配色の演出

写真3.9　ナチュラル

写真3.10　ナチュラル

写真3.11　ダンディ

写真3.12　ダンディ

写真3.13　カジュアル

写真3.14　カジュアル

写真3.15　カントリー

写真3.16　カントリー

写真3.17　エレガント

写真3.18　エレガント（王朝風クラッシック）

写真3.19　アジアンテイスト（南国素材色を多用）

写真3.20　南国の果物からイメージされたアジアンカラー

3.2　室内配色の演出

3.3 和洋の色演出

3.3.1 和風の住まいに見る色彩

　わが国の伝統的住まいは古来、基本的に無塗装の木造建築で自然共生型とされ、屋内外を分け隔てるハードな壁が存在せず、開け放たれた縁側の庭先から直接、あるいは障子を通して、晴雨天、朝昼夕、四季折々の色を含んだ外光（直接光、反射光、間接光）がインテリアの色を決定した。さらに経年の色褪せが生じると、異なる建材どうしも近似同化して、ベージュ色の単色的空間を構成するようになるので、日本人にとって室内色という概念は伝統的に希薄であった。

　こうした点で、屋内外を明確に分けた厚くハードな構造体の西洋建築が必然的に室内装飾を生み、室内色が大きな意味をもったのとは対照的である。

　したがって、わが国の基本的な室内のベースカラーは建具の色と屋外（あるいは庭先）の光とがつくりあげた混合色であり、二次的室内色は室内の間仕切り建具、家具調度品など、いわゆる、室礼色がアソートカラーやアクセントカラーになったといえるだろう（写真3.21、写真3.22）。

写真3.21　基調色は屋内外の光で変化

写真3.22　室内色は室礼がアクセントカラー

（1）伝統的農家建築に見る色調

　日本人は歴史的に江戸時代までのおよそ9割は農民であったとされる。すなわち、伝統建築の基本的構造は農家建築にあった。日本列島を縦断的に最短距離で行くと、鹿児島県の佐多岬から北海道の宗谷岬までおよそ2700kmといわれ、この長い距離の間には当然、気象条件に大きな差が見られる。

たとえば南国では遮熱、通風を重視し、開口部は広く、間仕切りは襖や障子などの軽い紙素材を多用するので、より軽く、明るい開放的イメージになるが、北国（雪国）では防風、防雪、暖房機能を重視して開口部は小さく、暗い閉鎖的な構造となる。その結果、南国の室内色調はおしなべて、明るく軽快なイメージとなる。もっとも明るい床部分（畳み）はい草の藁色（Y系ベージュ色）に加えて、障子や襖などに用いられる生成りとが相まってクリーム系主調色に傾くからである。

反対に雪国での高窓（採光）は通風機能よりも防雪重視のため、軒下近くの高い位置に設けられたから、冬場は下方向が暗くなる。また、通常間仕切りとなる板戸（欅材や杉材）が多く、その色を反映したR～YR系暗濁色になり、全体的に暗く重厚なイメージに傾く（写真3.23、写真3.24）。

写真3.23　伝統的な東北の農家の座敷（「ユニティ・ライト」型配色）

写真3.24　東北の農家の囲炉裏端（「ユニティ・ダーク」型配色）

(2) 伝統的町家の色

町家とは一般に商家をいう。そこでは、客寄せの間口が制限されるので、奥行きの長い敷地に中の間や座敷などが奥に向って配置され、通風や採光のための中庭が設けられる。京町家などは「通り庭」といって表から裏口まで続く土間や、「走り庭」と呼ばれる吹抜けの高い位置に梁が見える台所空間が設けられるなど、同じ天然材料の色でも採光の位置、開口部（大戸、くぐり戸、連子格子、虫籠窓）や調光装置（簾、暖簾、廂）などで、全く表情が変わる。

町家の中でも、倉敷、川越、喜多方などは耐火建築、蔵づくりの街並みで有名である。夏涼しく冬は暖かい店蔵や蔵座敷の内部

のつくりは漆喰壁や砂壁、板壁、腰板壁など多様であるが、開口部は観音開きの重厚な扉で閉ざされると密閉状態となり暗い。高窓のみしか採光できないので、内壁と開口部との強い対比が生む陰影の効果でモノトーンのイメージ（写真3.25、3.26）となる。

写真3.25　江戸町家の景観色

写真3.26　江戸町家の色（「ハード」型配色）。奈良県今井町

(3) 和風モダン

　かつての伝統建築に見る室内構成では、融通無碍な多目的性、シンプル、コンパクト、繊細、洗練が和風のエッセンスといえる。これらを踏まえた演出が和風モダンの色調にも表れる。

　それらには主流としてふたつの流れがある。ひとつは農家建築に見る、ベージュ系モノトーンである。

　一方、町家では、通常は開け放たれた開口部の外光が内壁との間に強い陰影の対比をつくり出し、外観と連動して白黒色調が意識下に残る（写真3.27、写真3.28参照）。

写真3.27　和の水平線を生かし、簡素美を演出（和風モダンのインテリア。「ユニティ」型配色）

写真3.28　白黒の町家のイメージを感じさせる演出（和風モダンのインテリア。「ハード」型配色）

3.3.2 洋風の住まいに見る色

「洋風―和風」と呼ぶ慣わしは、つい一対一の等価な関係と誤解しやすい。わが国一国に対して西洋諸国はあまりに広大にして多民族の集合体である上、各々の風土と歴史が重なりあって独特の建築様式が生まれた諸事情があり、その差異をひと口で語ることは難しい。この「洋風―和風」の呼称は、恐らく日本的な事物の特徴を際立たせるための、部分的かつ便宜的概念と考える。

西洋圏では、一般的に分厚くハードな石やレンガ造が基本構造なので、屋内には閉鎖的な圧迫感から逃れるための室内装飾などにさまざまな工夫が凝らされた。これらも、国によって時代様式は千差万別であるから、現代日本のプレファブ住宅で人気の高い住宅様式（写真3.29～写真3.40）に絞ってみた。

(1) チューダー様式の色調

17世紀初頭にイギリスに渡ったルネッサンスの影響を受けた建築様式で急勾配の屋根とハーフティンバーのアクセントが効いた白い漆喰のファサードが特徴。室内もその雰囲気に同調して、漆喰壁に焦茶色の木材色が主調となった重厚感のあるインテリア。

写真3.29　チューダー様式外観　　写真3.30　ダイニング

(2) カントリー（アーリーアメリカン）スタイル

二重になった急勾配の切妻屋根であるが、チューダー様式よりも明るくモダンな外観で、室内も同様に明るいイメージで、漆喰壁を基調にやや赤みの茶系木造仕上げになっている。

写真3.31　アーリーアメリカンスタイル 　　写真3.32　アーリーアメリカン室内

(3) スパニッシュ（コロニアル）スタイル

　外観はアーチ型の繰返しパターンが入口や窓に見られるのが特徴。室内にも同様のポリシーが施される。室内は基本的に、漆喰の白が基調の壁と天井は一体化し、天井の梁の木材がアクセント色になっている。

写真3.33　スパニッシュフレスコタイプ 　　写真3.34　スパニッシュコロニアル

(4) ブリティッシュコロニアル様式

　ニューイングランド様式が原型であるが、アーリーアメリカン様式よりもさらに現代的でシンプルなイメージ。色調は同じく漆喰壁基調で家具全体は無垢材オークやウォールナット、パイン材の色調。

写真3.35　ブリティッシュコロニアル 　　写真3.36　ブリティッシュコロニアル

(5) 南欧（プロバンス）スタイル

　南フランス地方の明るい日差しが似合う外観イメージで室内にも共通する要素。特に室内はラテン系のレンガ壁のスタッコ仕上げを連想するアーチ型間仕切り壁やアルコーブの小部屋などが視覚的な心地よさを演出。全体的にオフホワイトの漆喰壁に包まれるような暖かさがある。

写真3.37　南欧（プロバンス）スタイル 　　写真3.38　南欧（プロバンス）スタイル

(6) アジアン調スタイル

　今では、欠かせないインテリアスタイルとして注目を浴びる。Asian Tasteとは、亜熱帯となる東南アジア地域一帯の様式を指し、家具調度品には竹やラタン、広葉樹系のチーク、紫檀、ローズウッド材など、亜熱帯の自然素材を使った茶系統の色がベースカラーとなる。さらにアクセントカラーには各地域独特の染色や織物によるファブリクスを生かした独特の空間演出が、リゾートにぴったりの異国情緒を醸し出す。

写真3.39　アジアン調スタイル 　　写真3.40　アジアン調スタイル

以上のように、住宅メーカーがニーズに基づいて供給しているさまざまな洋風建築スタイルは国別、時代別に異なってはいるが、結局は日本人の好みとそのイメージに合わせたもので、似て非なる「洋風」ということがわかってくる。なぜならば、西洋の建築様式の一部を取り入れても、現代ではほとんどが工業化住宅であるため、材料が全く違う。しかし基本的な色調、配色によって、かなりイメージを似通わせることは可能だ。事例として掲げたこれらのスタイルに共通する色調は、漆喰壁に対して木質系のフローリングや家具などでまとめ、全体がナチュラル志向に傾く点であろう。すなわち、洋風といえども、日本人の底流にある色彩感覚は和風に帰結しているようである。

◆参考文献
「色彩療法」Theo.Gimbel 著／日原もとこ 訳、フレグランスジャーナル社、1995
「カラーヒーリング」Theo.Gimbel 著／日原もとこ 訳、ガイアブックス、産調出版、1997
Gabriel Cousens, M.D.：Spiritual Nutrition and The Rainbow Diet, North atlantic books. Com 1986
「色光による環境イメージと心身の状態変化」―その1、日原もとこ・島上和則、日本インテリア学会、1991.11
「色光による環境イメージと心身の状態変化」―その2、「人工気候室内の照明そのものを色光に変えた場合」、島上和則・日原もとこ、日本インテリア学会、1991.11
R.M.Gerard：Differential Effects of Colored lights on Psychophysiological Functions,（Ph.D.diss.UCLA1968）
「インテリア・カラーコーディネーション事典」インテリア産業協会・色彩専門委員会、誠文堂新光社、1988
「日本人の感性に基づく内装材の色柄研究報告書」日原もとこ／受託研究、東北芸術工科大学、2000

◆資料提供・協力
積水ハウス㈱
㈱東急ホームズ
三井ホーム㈱

第4章 アートワークの演出

わが国の文化は自然との融合、大自然との感応を大切にしてきた。文化のイメージは多岐にわたり、みやびとか華麗という色鮮やかな感性を育みながら、移ろいの美や無常観、はかなさの美意識という正反対の感性が不思議なく共存してきたことである。自然現象にも、そのような光景に巡り合い神秘的な豊かさを彷彿とさせる場面がしばしばあると思うのだが。今日、優れた内外の文化遺産や、時間をかけて洗練されてきた古典、多様性に満ちた現代アートに出合うと、人びとの情感が触発されて、わたしたちの住まいや生活環境に潤いある豊饒さをもたらしてくれる。

写真4.1　マサチューセッツ工科大学のチャペル、トップライトの彫刻、作者：ハリー・ベルトイア

　そこで、現代のインテリアデザインとアートワークの空間演出とは、と問うてみると、見た目に美しく、視覚的造形的に魅力ある絵画や彫刻などのアート作品を生活環境に導入し、これらを身近に展示して飾り付け、日常の生活空間を芸術的に活性化するプログラムである、ということがいえよう。

写真4.2　ロビーのアートワーク

4.1　生活空間の彩りと空間の活性化

　インテリア計画の中では、空間の広がりや内装のテクスチュアー、色彩計画、カーテンや家具などのインテリアエレメント、自然採光や照明による明るさの環境、楽しい音と遮音を含めた音の環境、そして適正な温湿度と清浄な室内空気でインテリアが満たされていることが大切な要件と考えられている。

写真4.3　リビングルームのグリーンインテリア

インテリアデザインの一般的なフローを見ると、平面計画にしたがって床・壁・天井の内装計画が終ると、心地よい窓からの採光と照明が灯され、室内に椅子やテーブルなどの家具が配置される。そこにアートワーク（絵画・写真・彫刻など）が入ると、住まう人の情緒にアートが働きかけて新鮮な視点と可能性を感じさせてインテリア空間に大いなる刺激をもたらしてくれる。床には鉢植えの観葉植物（グリーンインテリア）が入り、卓上にきれいな草花が置かれると、いちだんと生活空間がなごみインテリアが愉しさに満ちてくる。

写真4.4　初夏の草花

4.2 アートワークプログラム

インテリアのアートワークプログラムを進めるために知っておくべきことは、次のような事柄である。アート作品が導入されるインテリアの使い方、在室する人びとのライフスタイル、視線の高さ、滞在時間の長短などなどであるが、さらにアートワークに関する光の環境をきちっと計画することである。

そして、何よりも肝要なことは、後述のような多様なアート作品の中から具体的な作品を選び、レイアウトし、魅力的なインテリアを構成するということであろう。

4.2.1　光の環境、視線の高さと視認情報
(1) アートワークと照明

インテリアにおけるアートワークの演出に共通する光の環境は、明るさの分布を低照度に均一化した全般照明と、展示されるアート作品に方向性のある光源、つまり演色性のある白熱灯などの直接光（局部照明）を当てることである。言い換えれば絵画や彫刻、人の顔が立体的に見える局部照明（ウォールワッシャー、スポットライトなど）をインテリアの全般照明と併用することである。それによって空間全体に陰影感がもたらされ、演出効果の高まりが期待できる。

(2) アートワークと視線の高さ

人の生活姿勢は室内での生活行為や振舞いによって変わってくる。ちなみに椅子座位で静止のときには、図4.1のように、正座から立位の姿勢までの視線の高さは低位置から高い方にさまざまに変化する。

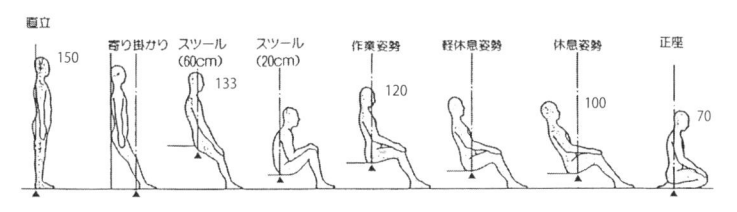

図4.1　生活姿勢と視線高

住まいにおける生活の様態には、正座・休息姿勢・作業姿勢（食事も含む）・寄り掛かり・立位などがある。そこでの絵や置物などの具体的な展示位置は、在室者の目線の高さに対応した場所にディスプレーすることが好ましく正解であるといえよう。

　ちなみにわが国の和室では、床の間の掛け軸は正座の視線の高さに合わせ、花瓶の花と香炉の三具足とともにバランスよく配置する伝統が受け継がれてきた。

　洋風のリビングルーム、ラウンジでのソファーに掛けた時の目線の高さは平均1000mm前後で、アートワークの位置は壁の中央、ラウンジチェアの背もたれの上辺りに掛けると、人の目線になじみやすく視認性がよくなってくる。なお、飾り棚やキャビネット上のアートワークは、花瓶やテーブルランプとのバランス（シンメトリー、アシンメトリー）を考え、ウォールコンポジションを考慮した上でレイアウトしたいものである（図4.2）。

写真4.5　床の間のある和室

シンメトリー　　　　　　　　　　　　　アシンメトリー

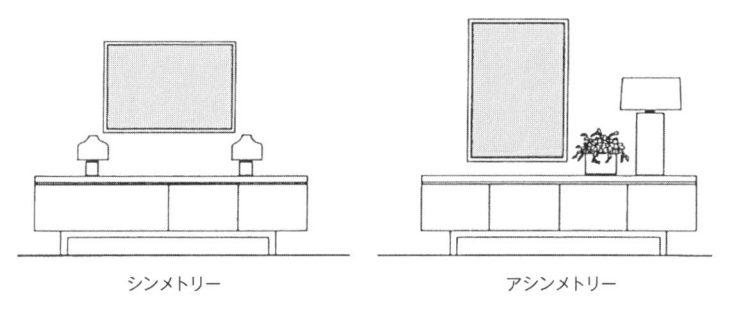

図4.2　ウォールコンポジション（シンメトリー、アシンメトリー）

　ホールや廊下など立位姿勢の場合は、通行する観察者の身長によって視線高が変わるのはいうまでもないが、一般的にいってアートワークの高さは、視線が移動することを考慮しながら壁のやや上部にレイアウトするのが妥当であろう。床の高低差によっても変わるが、部屋の幅や奥行きが狭いスペースでは通常壁の上方に飾るのが無難で、通行する人にも触れないですむ。

　展示会場での絵の吊り方は、普通は広い壁面に横並びに展示する。この場合は、鑑賞者の視線高に絵の中心線を据えて左右にディスプレーしてゆくのが一般的である。

写真4.6　オルセー美術館展示室

4.2　アートワークプログラム

(3) アートワークの視認情報

人間が空間や形、アートを認識するのは、視覚・聴覚・嗅覚・味覚・触覚の五感と、さらに平衡感覚・運動感覚などによるといわれている。そんな中で、空間やアートを認識するのは、主に視覚で、全感覚受容能力の約87％を瞬時に捉え、ほとんどの視認情報を最初に得ることができるということに注目したい。

視覚特性には、目の動き・視野・錯視（覚）・距離と見え方（色彩）・立体的視認・視覚の想像力などがある。

図4.3　錯視

人がある部屋に入ったとき、最初に視野に入るのは正面の壁であり正面のアートワークである。ついで床の家具と敷物が目に入り左右の壁へと目線が順に移動する。この流れはインテリアを視認し、心理的に記憶づける壁面とアートワークの大切さがわかるひとつのチェックポイントである。

ところで視覚には両眼で上下約130°、左右約200°の視野があるし、錯視によって形を容認（想像）する視覚特性がある（図4.3）。空間と形の立体感については、奥行き知覚によって遠近を立体的に見る視覚認識があることは常日頃体験しているところである。

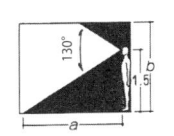

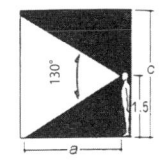

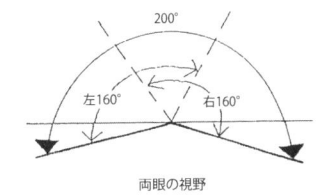

天井面が視野の中に入る　壁面だけが視野の中にある　　　　両眼の視野
　　　視野と室内の見え方

図4.4　視野

　視覚の想像力ということは、インテリアとアート作品の触覚感（テクスチュアー）・温冷感・粗雑感（凹凸）・硬軟感・乾湿感などを、眼に見た視覚により想像認識するということである。身近にアートワークを置く場合、何よりも作品のテクスチュアーがなじみやすくて風合が軟らかく、表面に若干の粗雑感があると光を吸収し、不愉快な反射を防いでくれることに留意したい。

　つまりプライバシーを優先する身近なアートワークには、比較的軟らかいタッチのものを、パブリックで広い空間では、硬い素材感でパワフルなアートワークを選ぶとよいだろう。

4.2.2　アートワークの種類

　アートワークを大別すると、タペストリー・絵画・書・版画・ポスター・写真・ステンドグラス・彫刻・陶版・インスタレーション・映像アート・アニメーションなどたくさんの種類があげられる。具体的に述べると次のようである。

(1) タペストリー

　絨毯・織物・染色・キルト・パッチワークなどがある。ヨーロッパでは古くから"ペルシャ絨毯"を教会堂や宮殿の壁飾りとして使用してきた。ブルボン王朝時代、パリ近郊にベルサイユ宮殿が造営された前後から、歴史画を模したタペストリーを室内装飾に盛んに用いるようになった。

　近年になって、テキスタイルデザイナーや画家・彫刻家などによってデザインされた"織り""編み"のタペストリーが、ホテルや公共スペースの大空間を飾っている。また小空間や住まいなどでも小型のタペストリーが用いられている。

写真4.7　役員室ロビーのタペストリーとペルシャ絨毯のタペストリー（右）

（2）絵画

　インテリアに飾られるアートワークとしては、絵画がもっとも一般的である。絵画の種類には油彩画・日本画・水彩画・アクリル画・コラージュ画・書などがある。いずれもアーチストによる一品制作であるが、昨今は精巧にプリントされた複製品も多い。

a. 絵画のモチーフ（主題）

　絵のモチーフは日常生活のあらゆるところにある。強いて対象を分けると風景・静物・人物に大別される。

　風景画は主に広い自然が対象であるが、ほかにも街並みや都市のたたずまいなどが、構成を工夫し光や色の微妙な変化を映しながら描かれる。静物画のモチーフは室内・卓上小物・果物・草花などで、構図や静物の形と光、色の重なりなどに配慮しながら描かれる。人物画は肖像画をはじめとして、室内外の人物や群像を対象とし風俗、人間心理や人体の素晴らしさなどを追求する作品が描かれる（写真4.8～4.10）。ちなみに東洋画や水墨画の伝統的

写真4.8　風景

写真4.9　紫色のローブとアネモネ、アンリ・マチス

写真4.10　婦人横顔像　アントニオ・ポライウォーロ、ポルディ・ペッツォーリ美術館

写真4.11
すわるジョルジェット・シャルパンティエ嬢
オーギュスト・ルノワール

写真4.12
赤い背景の接吻
パブロ・ピカソ

なモチーフは人物・花鳥・山水であった。

b. 絵画の表現様式

絵画の表現方法は、具象（写実・リアリズム）と抽象（アブストラクト）に大別されるが（写真4.11、4.12）、以下、大まかにヨーロッパ絵画の流れをたどってみることにしよう。

ヨーロッパ中世は宗教画が中心で、無表情な画面は平面的でやや抽象的、背景らしきものはほとんど描かれていなかった。ルネッサンス期に入ると、古典的な写実様式で画面には生き生きとした情感が表現され、遠近法が採り入れられて背景には自然の風景が描かれ始めた。やがてバロック期には、歴史画のほかに市民が登場するようになり、活気に満ちた躍動的な表現が見られるようになった。ロココ時代には、人物や風景表現に豊かに成熟した情感が見られ、次の新古典主義の時代になると、甘美なロココ様式は否定され、高貴な古典様式が復活してくる。

19世紀後半には新古典主義に別れをつげ、日本美術の影響を受けた印象派が登場し、外光のもとで風景画・静物画・人物画が画面を明るく輝かせた。印象派を経て20世紀初頭からは、さまざまな絵画革命への挑戦が試みられフォビズム、キュビズム、シュールレアリズム、ポップアート、抽象表現主義などなど、枚挙にいとまがないほど表現技法が多様化してきた。1980年代にはブラウン管のモニターを壁に写す映像アートが登場し、近年では液晶ディスプレーの中に映像表現されるようになった（写真4.13～4.17）。

写真4.13　ルネッサンス、美しき女庭師　ラファエロ

写真4.14　印象派、陽をあびる裸婦　ルノワール

写真4.15　キュビズム、肘をつくマリー＝テレーズ　パブロ・ピカソ

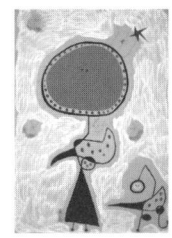

写真4.16　シュールレアリズム、女、鳥、星　ジョアン・ミロ

写真4.17　ポップアート、マリリン・モンロー、アンディ・ウォホール

4.2　アートワークプログラム　　77

c. 絵画の技法

　絵画はそれぞれ専用のキャンバスに絵具で描かれるが、共通に使われているのが色合いをだすための顔料である。顔料を画面に定着させるための接着剤（固着剤）と混ぜ合わせて絵具がつくられる。

　古代ラスコーやアルタミラの壁画、ローマ遺跡の壁画などは、土や植物の色素に水や脂肪を混ぜて描かれた。中世以降、ヨーロッパの教会の壁画や天井に描かれたフレスコ画は、塗りたての漆喰壁がまだ乾かないうちに顔料を染み込ませながら描かれたものである。東方正教会に多く見られるイコン（聖像画）は、板下地に顔料と膠を混ぜ合わせて描かれている。テンペラ画は顔料に卵白を固着剤として描かれるが、その技法によるルネッサンス期のダ・ヴィンチ作「最後の晩餐」は世界遺産としてあまりにも著名である（写真4.18、4.19）。

写真4.18　女性像　ローマの壁画

写真4.19　最後の晩餐　レオナルド・ダ・ヴィンチ

i. 油彩画

　油彩画は布地のキャンバスやキャンバスボード上に描かれるが、絵具は人工的につくられた金属化合物の顔料に亜麻仁油（乾性油・リンシードオイル）を混合したものである。油絵具は15世紀に、フランドル（ベルギー）のファン・エイク兄弟によって大幅に改善されヨーロッパ中に普及した。19世紀になって、顔料は化学合成で人工物がつくられるようになり、保存容器もチューブ入りとなった（写真4.20）。

ii. 日本画

　日本画には丈夫な和紙や絹布が用いられ、表面ににじみ止めの礬水（明礬・膠・水の混合液）を塗布してから描かれる。粉末状の顔料には胡粉（白色、蛎貝殻）・天然岩絵具が使われ、制作時に固着剤の膠を混ぜ合わせて絵具をつくる。墨は古くから用いられてきた黒の顔料で、日本画や水墨画には欠かせない材料である。また日本画にはみやびで装飾性の高い純金箔・純銀箔および膠に溶いた金銀粉の泥や粉末の砂子も絵具として使われる（写真4.21）。

写真4.20　薔薇図　梅原龍三郎

iii. 水彩画

　水彩画にはワトソン紙、その他の専用紙および一般の画用紙が使われ、顔料とアラビアゴム（水溶性で乾くと透明）を混合して

写真4.21　燕子花図（部分）　尾形光琳

つくられた絵具で描かれる。絵具はチューブ入りで、使いやすく一般にもっとも汎用性が高い（写真4.22）。

iv. アクリル画

布製のキャンバスやキャンバスボードに描かれるが、絵具は顔料とアクリル樹脂（1950年アメリカで開発、石油樹脂、水溶性）を混ぜ合わせてつくられる。チューブ入りで、乾燥固化が早く、乾くと堅牢な塗膜に仕上げることができる（写真4.23）。

v. コラージュ

一般には画用紙かキャンバスが使われ、絵具・写真・木片・金属片などいろいろな素材を用いて、特定のイメージをコラージュ的に画面構成する（写真4.24）。

（3）版画

版画の種類には木版画・石版画（リトグラフ）・銅版画（エッチング）・シルクスクリーンなどがある。制作技法はいずれも製版の上に絵具やインクをのせ、紙などに写しとるものである。同一版型から多数刷ることができるので、比較的廉価なのが魅力である。

a. 木版画

木版画は板目木版（木口木版もある）が一般的で、描かれた線や面を凸版（版木）に彫り残し、その上に絵具やインクを塗って紙をのせ、バレンでこすって刷り上げる。外国ではプレスする。多色刷りの場合は色数だけの版木が必要である。ちなみにわが国では版木に桜・桂・朴材などが使われる。

浮世絵はわが国江戸期の誇るべき芸術であることは広く知られている。その制作過程を見ると、まず企画・販売を行う版元（出版元）がいて、元絵を描く絵師に委託して原画をつくり、版木を彫る彫師から色絵を刷る刷師によって完成する。このような専門職の役割分担によって制作されたのは興味深いことである（写真4.25）。

b. 石版画（リトグラフ）

石版画の技法は1800年ドイツで開発された。石灰岩の平版面に脂肪性のクレヨンかインクで絵やデザインを描き、弱酸性溶液（アラビアゴムと硝酸の混合液）を塗ると化学変化によって絵の部分だけ油性インクが定着する仕組みを利用したもので、石面を十分に湿らせたのち印刷用の油性インクをのせると絵の部分だけイン

写真4.22　アルルカン　内堀克子

写真4.23　チューリップチェア　内堀繁生

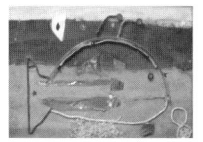

写真4.24　コラージュ「うみ」　内堀 陸

写真4.25　三代目大谷鬼次の奴江戸兵衛、写楽

クが付着する。描かれていない部分は水分がたまっているのでインクがはじけて残らない。つまり平版の上でインクののる部分（絵の部分）とのらない部分をつくって、そこを転写して刷り上げる（写真4.26）。

c. 銅版画（エッチング）

　磨いた銅版にグラウンド（防蝕剤、松脂、アスファルトと蜜蝋の混合液）を塗り、ニードルでひっかくようにして絵を描くとグラウンドが剥がれて銅版画がでてくる。銅版を酸の溶液（硝酸や塩化第二鉄）に浸すと、その部分だけ腐蝕して描いた絵通りのくぼみができる。その部分にインクをすり込み、ほかの表面に付着したインクを拭きとってから紙をのせて圧力をかけながら転写する。

　なお、凹版技法にはエッチングのほかに、アクアチント、ドライポイント、メゾチントなどがある（写真4.27）。

d. シルクスクリーン、ステンシル

　シルクスクリーンは孔版によるもので、版画技法の中ではもっとも新しい表現技法である。

　木製四角枠にメッシュの絹やナイロンのスクリーンを張り、インクの通る部分と通らない部分をつくり、インクを塗布してスキージ（厚いゴムベラ）で押し出して印刷する。近年、写真製版法の応用で美術関係、広告関係に利用が広まっている。1960年代、アンディ・ウォホールによるポップアートの連作はこの技法によるものでつとに著名である。

　ステンシルは水に強いシートの下絵を切り抜いて型紙をつくり、水性絵具を使って穂先の短い筆かスポンジブラシで軽くたたいて型染用紙に染め上げる。江戸小紋や紅型の捺染技法はわが国のステンシルのルーツである（写真4.28）。

(4) ポスター

　現在のポスターは、映画・演劇・舞踊・音楽・スポーツ・工業製品・販売・文化広報・各種イベントのために制作されるなど、その対象はすこぶる広範囲にわたっている。

　そもそも、ポスターがインテリアを飾るようになったのは世紀末の頃からである。以下、ヨーロッパにおけるポスター発展の経緯をたどってみよう。

写真4.26
ディヴァン・ジャポネ
ロートレック

写真4.27
子供を抱き上げる女

写真4.28
正方形賛歌
ヨーゼフ・アルバース

写真4.29
フランス・シャンパン
ピエール・ボナール

写真4.30
F.CHAMPENOIS
アルフォンス・ミュシャ

a. ポスターの登場

　ポスターは1830年頃から石版画による全面絵図の書物用ポスターがつくられ、19世紀後半になって多色刷の広告ポスター（カフェ・オペラ座・百貨店・ブドウ酒・書籍など）が登場してきた。
　わが国に石版印刷技術が伝わってきたのは幕末になってからであるが、この頃、ヨーロッパのポスターデザインに変革をもたらしたのが日本の浮世絵であった。浮世絵が西欧の図像表現にもたらしたのは、大胆な構図や輪郭線で縁取られたベタ塗の人物や背景を描く手法で、これがヨーロッパのポスター芸術の形成に多大な影響を与えた。ロートレックも、日本の版画にならって輪郭線を大胆に描いたポスターで知られている（写真4.29）。
　アール・ヌーボーは、それまでの新古典主義への反動から生れた装飾芸術とされるが、その影響は文字通り新しい芸術を目指して家具・ガラス器・陶磁器・織物・金属細工・宝飾品・石版画・ポスターなどにおよび、美術工芸と産業・工業との絆を結びつけたといえよう。当時、広告ポスターの対象となったのは服飾・娯楽・ジャズ・映画・スポーツ・旅行・観光などのアール・ヌーボーモードであった（写真4.30）。

b. 近代の広告ポスター

　1920年代以降になると、キュビズム・構成派・未来派など美術界の影響がポスターデザインにもおよび、新進のグラフィックデザイナーたちによって、力動感あふれる幾何学的構成主義に基づく技法で工業製品・生活用品・旅行などを扱った広告ポスターがつくられた。
　戦後、わが国でも工業製品にかかわるデザインが産業活動に組み込まれ、海外に対するメイド・イン・ジャパンのイメージ向上と、国内の消費活動促進のための広告ポスターの制作が、欧米の手法を採り入れながら専門のグラフィックデザイナーの誕生によって進められた。
　1960年代にはＴＶコマーシャルが登場してきた。それから間もなく、写真を多用した新しいスタイルのポスター制作が展開され、シルクスクリーンに写真製版技術を応用したグラフィック感覚のポスターがつくられるようになった。写真の多用により、広告

メッセージを瞬時のうちに伝達する新しい表現技法を編み出して、今日のポスター制作を実用化に導いている。

(5) 写真

写真がインテリアに登場したのは比較的新しいことである。なんといっても、写真のもつ写実性と、光や色のおりなす幻想性とがインテリアにとっては新鮮で魅力的である。インテリアとして写真を飾る場合、部屋の用途に応じた作品を選ぶが、額縁は細めのシンプルなデザインのものが望ましいこともある（写真4.31）。

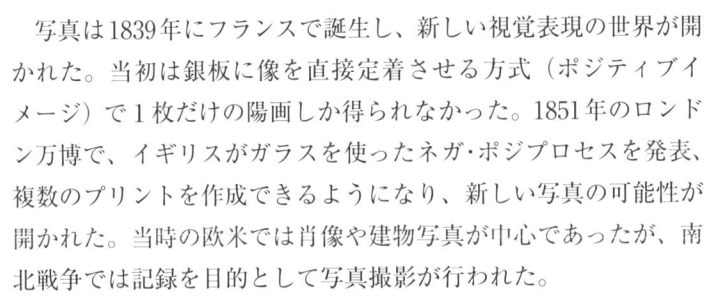

写真は1839年にフランスで誕生し、新しい視覚表現の世界が開かれた。当初は銀板に像を直接定着させる方式（ポジティブイメージ）で1枚だけの陽画しか得られなかった。1851年のロンドン万博で、イギリスがガラスを使ったネガ・ポジプロセスを発表、複数のプリントを作成できるようになり、新しい写真の可能性が開かれた。当時の欧米では肖像や建物写真が中心であったが、南北戦争では記録を目的として写真撮影が行われた。

わが国では、1848年に初めてオランダから写真機が輸入された。その頃、外来の写真家が日本の風景、侍や女性をはじめとする異文化圏の風俗などを撮影して西欧社会に紹介した。明治期に入ると家族の記録写真、断髪廃刀令の発布を機に侍姿を記録した肖像写真などが盛んに撮られていた。

ヨーロッパでは、19〜20世紀初頭にかけて印象派の絵画やアール・ヌーボーデザインの潮流があったが、黎明期の写真界ではその影響を受けた写真表現が盛んに試みられ、やがてそれがビクトリアリズムという芸術写真運動となり、写真の世界が単に記録だけでなくより高い芸術性を目指して歩みだした（写真4.32）。その傾向はわが国にもおよび、日本画や山水画風のビクトリアリズムの風景写真が盛んに撮られるようになった。

1929年、ドイツのワイマールでは、バウハウスにモホリ・ナジの理論と実践をもとに写真部門が設立され、フォトモンタージュの制作など、グラフィックデザイン分野の進展をうながした。写真にかかわる芸術運動としては、バウハウスのほかにロシア構成主義、未来派、超現実派などと関連する表現活動があげられる。その後、現代に至る写真界では、自然や都市・建造物・静物・人物などを

写真4.31
富士山の笠雲

写真4.32
モンパルナスのキキ
マン・レイ

対象とした既存の枠をはるかに超えた表現活動が展開されている。

(6) 彫刻

　現在の生活環境では、公共の広場や建物のロビーなど大空間に彫刻が置かれることが多い。一般住宅でも、玄関ホールや応接間に小型の彫刻、卓上や飾り棚に複製品、壁にレリーフ（浮彫）を掛けるなどしてインテリアとして飾る。

　彫刻技法には木彫や石彫などの直彫り（カービング）と塑造との2種類がある。木彫や石彫は、素材となる木材や大理石のブロックから道具（鑿やハンマーなど）を使って削り落としながら、いわば引き算方式で制作される。一方、塑造（モデリング）は足し算方式で、粘土で肉付けしながら原型をつくり、そこから石膏型をとって石膏像またはブロンズ像に転写する技法で制作される。

　彫刻と建築・インテリアとの関わりは大変密接である。わが国では、彫刻は仏教の伝来とともに始まり木彫りの仏像制作が受け継がれてきた。建築と木彫との関わりは、寺院建築では妻側の破風板の下に取付けられる繰型や懸魚・蟇股・狐格子などの妻飾り、内部では木彫り欄間が広間や座敷を飾っている。

　一方、中世までのヨーロッパでは、彫刻は絵画とともに建築と一体となっていたのが特徴で、キリスト教聖堂などでは柱や壁に刻まれた彫刻が聖堂内外を装飾している。

a. わが国の彫刻の歴史

　わが国の仏教彫刻は当初から中国の影響を受けた大陸風の作風で、奈良時代後期、天平の時代を経てもなおその様式が受け継がれてきた。8世紀末の平安時代に入っても、相変わらず重厚な体躯と衣文の流動感を強調した仏像が、木彫りまたは全面乾漆仕上げで制作されていた。9～10世紀の平安中・後期になると、豊かな表現力が育まれて日本的な木彫りの和様彫刻が成立してきた。丸顔ないしは面長でも下ぶくれの顔立ちが日本風で、衣文の流麗な曲線が見事な装飾効果を上げている。技法的には木彫り、木芯乾漆造で、後期には木彫りから寄木造へと移っていった（写真4.33）。

　12世紀後半～14世紀前半の鎌倉時代には、木彫りの肖像彫刻が盛んになった。その頃になると写実的手法が発展して、仏教各派の始祖や高名な上人の個性的な面貌を写した肖像彫刻の傑作が多

写真4.33
薬師如来像（部分）
神護寺

数生まれた。また、木彫りの仏像に彩色が施されたり金箔が貼られるようになり、光背には金銅透彫りが飾られ、台座には装飾金具などの荘厳具が多用された。

なおこの時代で特筆すべきは、鎌倉大仏などの金銅仏が鋳造技法でつくられたことである。重厚な量感で胸と肩が大きく張った猫背の体形、強い曲線で刻まれた彫りの深い衣文の大仏が見事に鋳造された。

南北朝・室町・桃山時代には、彫刻の衰退がいちだんと進んだが、肖像彫刻に佳作が多く見られた。また、能が洗練された舞台芸術として発展してきて、仮面彫刻、特に能面の成立と発展が見られ、面打ちという専門作家集団が誕生した（写真4.34）。

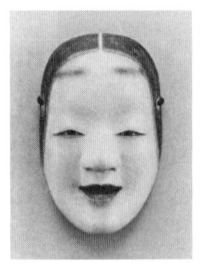

写真4.34
能面 近江女
観世家

b. ヨーロッパの彫刻の歴史

ヨーロッパの彫刻の流れは大理石像の歴史である。古代ギリシャ・ローマ時代には、素晴らしい彫刻群があったことはよく知られる通りである。ついで中世に入ると、12世紀建造のシャルトル大聖堂西正面入口側壁に、建物と一体となって円柱を背にして立つ彫刻装飾が制作された。周囲の壁は、イエスの物語をテーマにした浮彫りの大理石板で覆われている。注目したいのはそれらの制作過程で、柱の彫像も浮彫りの大理石板も素描をもとに彫刻されたと推測されることである（写真4.35）。

写真4.35
シャルトル大聖堂
入口側壁の彫像

ルネッサンス期に入ると、彫刻家の地位はそれまでの中世的技芸職人から芸術家として認められるようになった。ルネッサンス彫刻は、古典を基軸として人体を巧みに大理石像に刻んだ。たとえばミケランジェロの彫刻は、前後左右どの視点から眺めても均衡のとれた量感と迫力に満ちている。

17世紀にはジャン・ロレンツォ・ベルニーニ（1598〜1680）が、バチカン宮殿の広場を囲む列柱廊のほか広範囲にわたって大理石像を残している。彼の彫刻の理念は、彫像と周囲の空間を合体させるべくつねに設置する場所を考慮しながら、彫刻の視点は一方向だけから、というものであった。

19世紀後半以降は、前半の新古典主義的な整然とした形態から、躍動感に満ちた作風へと推移する傾向が見られる。たとえば、オーギュスト・ロダン（1840〜1917）は人体の動きを捉え、内部から

写真4.36　ダヴィデ
ミケランジェロ

あふれでる生気ある量塊を、ぐるっと周囲全体から直視して原型塑造をつくり、そこから力動感のあるブロンズ像を転写して幾多の傑作を残している（写真4.36〜4.38）。

20世紀に入ると、美術界にはキュビズム、ダダイズム、シュールレアリズムなどなど、新しいさまざまな芸術運動が展開されてきた。彫刻の世界では伝統的な石彫と塑造が共存していたが、型態の変化や表現技法の多様化が進み、その中から以下に代表的な彫刻家をとりあげる。

A.マイヨール（1861〜1944）はロダンと同じ塑造作家であった。古典古代の理念による静的で堂々とした量感あるブロンズ製女性像は、肉体の構造や均衡に関心がおかれ、ロダンのように型態の動きや流動性を特徴とする作風とは異なっている。

コンスタンティン・ブランクーシ（1876〜1957）は直彫りに傾倒し、部分的に切断された石彫の「接吻」を彫り上げた。また大理石の型態周囲を高度に磨きあげた作品の味わいには、ロダンの影響を垣間見ることができる。

現代美術の変遷の中で注目すべきはハンス・アルプ（1887〜1966）で、極度に単純化され律動的に輪郭づけられた型態はブランクーシを思わせる。詩的な抽象的型態の創造者であるアルプの作品は、あらゆる方向からの観察をうながす誘惑的で豊かな彫刻的特質を備えている（写真4.39〜4.42）。

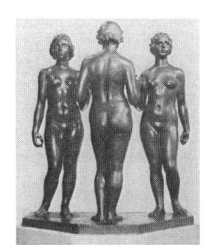

写真4.37
福者ロドヴィーカ・アルベルトーニ
ベルニーニ

写真4.38
接吻　ロダン

写真4.39
3人のニンフ
マイヨール

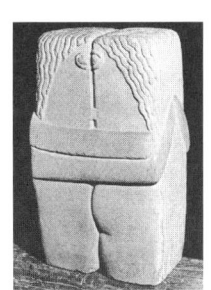

写真4.40
接吻　ブランクーシ

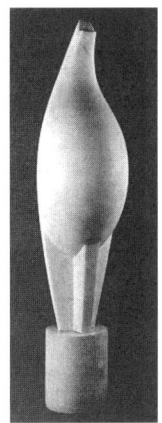

写真4.41
鳥　ブランクーシ

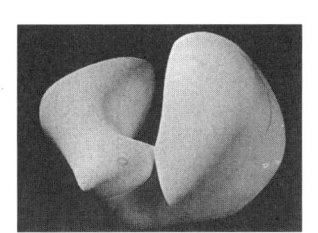

写真4.42
人間凝結　ハンス・アルプ

彫刻作品の中に空間を提起したのがアレクサンドレ・P. アーキペンコ（1887〜1964）で、彼はくぼみや穴を透明素材の型態に囲まれた空間として採り入れた作品を制作し、初めて彫刻作品の中の空間についてのメッセージを発した。また、アレキサンダー・カルダー（1898〜1976）は、自由に空間で動く彫刻作品モビールをつくって、中空に浮く夢を実現した（写真4.43、4.44）。

写真4.44
モビール　カルダー

写真4.43　歩く女
アーキペンコ

さて、20世紀中葉になると彫刻の新たな素材として鉄の時代が到来する。ディビット・ローランド・スミス（1906〜1963）は、彫刻は大理石や塑造の型態概念で制限されてはいけないとして、空間の中の鉄を彫刻に表現している。

4.3 グリーンインテリア

グリーンインテリアとは、人と自然を結んで日常の生活空間に緑を採り入れ、自然の趣をたたえる環境を整えることである。一戸建てにしても集合住宅にしても、工夫次第で緑を身近にすることができる。暮らしの中に緑が豊かにあることで、四季の移り変わりを楽しむことができる。

写真4.45　植込みの"緑"

4.3.1　住まいのグリーンインテリア

近年、緑の効用が認められて公共空間のロビーやワークエリア、住まいの中にも植木や観葉植物、草花などが積極的に採り入れられるようになった。インテリアに多く飾られる観葉植物にはたく

さんの種類があり、各々個性的で豊かな"緑"の表情をもっている。たとえばゴムノキ、パキラ、シュロチク、ヤシ類、小鉢ではアイビー、シダ、アスパラガス、観葉植物ではないがサボテンなどもインテリアとして使われる。

観葉植物は繊細な葉の魅力的な姿などを楽しむもので、ほかに容器栽培の草花やフラワーアレンジメントなどのやさしい趣がインテリアを素敵に演出してくれる。

写真4.46　観葉植物の一種ゴムノキ

4.3.2　グリーンインテリアの置き場所とメンテナンス
(1) グリーンインテリアの置き場所

植物の置き場所は、明るく風通しのよいところが最適であるが、住まいはあくまでも人の生活を中心に考えなければならないので、その部屋の用途や家具、生活動線上好ましい場所を選びたい。また、アートワークの展示と同様に生活者の視線も考慮しながら、植物の種類と大きさ、草姿にも配慮して選びたい。植木鉢には陶器・素焼・木製・プラスチック製、これらに各種鉢カバーがある。置き方としては床置きや卓上置き、ほかに窓面吊りや壁掛け式で飾るが、インテリアとして調和のとれた"緑"の置き方を演出したいものである。

写真4.47　エントランスホールのグリーンインテリア

(2) グリーンインテリアのメンテナンス

　植物はほかのインテリアエレメントと違って"生きている"ことに配慮し、生長過程を見守りながら、置き場所・水やり・温度管理・日当たり・病虫害防除など日常の管理と手入れが肝要である。

　植物は土中から水分を吸収して栄養分と酸素を採り入れ、炭酸ガスを排出して生長を続けていく。水やりは植物の根に必要な水分と酸素を過不足なく供給することで、春から秋にかけては鉢土の表面が乾いたらたっぷりと与える。冬期は冬眠状態なので水やりと施肥は控えた方がよいが、室内が乾燥しがちだと葉から水分が蒸散しやすくなるのでスプレーで葉水を与えるとよい。空中湿度の不足から葉の変色が起こるので注意したい。

　植物は光と温度に敏感なため、強い直射日光は避け、室内の温度は最低でも10℃は保ちたい。冬期に5℃以下になると植物は冬眠状態となるので注意する。

◆参考文献
「住居設計論」内堀繁生 編著、理工学社、1994
「ポスターの歴史」アラン・ヴェイユ 著、竹内次男 訳、白水社、1994
「写真の歴史入門1・2」三井圭司・藤村里美 著、東京都写真美術館監修、新潮社、2005
「彫刻」ルドルフ・ウィトコウア 著、池上忠治 監訳、中央公論美術出版、1984

◆資料提供・協力
ノール・インターナショナル

第5章 インテリアグラフィックスの演出

5.1 ビジュアルコミュニケーション

5.1.1 サインデザインの基礎知識

今日のサインデザインは、いろいろな施設で空間利用者とのコミュニケーションを円滑に進めるためになくてはならないものである。そこで、利用者が求める施設情報をわかりやすく適切に提供し、人の流れと物の流れを円滑にし、しかも、簡潔で見た目にやさしく魅力的なデザインであることが求められる。

(1) サインデザインの機能的要素

① 簡潔で正確な情報

サインはシンプルでわかりやすく、正確な情報を伝達する。

② 必要な情報

施設の適切な場所に必要十分なビジュアル情報を提供する。

③ 一貫して系統立てること

サインの色、材料、デザインの一貫性はもとより、周りの施設環境にマッチした表現方法や内容が統一されていること。

④ ユニバーサルデザインであること

サインはあらゆる利用者、子供はもとより老人や身障者にも対応していること。

(2) サイン計画のプロセス

① サイン環境の確認

施設の業務内容や機能、規模を把握する。施設の分類は表5.1の種別で見るようなレパートリー設計などで、デザイングレードを見極めるために必要である。

表5.1　FFE工事

類別	種　　別
第1類	簡単な事務室・教室・講堂・作業室などの分類
第2類	事務室・会議室・応接室・オーディトリアムおよび遊戯施設などの類
第3類	ホテル・旅館・官庁・会社などの主要な部屋およびクラブ・バー・料理店・ショールーム・ショップフロントなどの類
第4類	住宅・マンション・別荘の各室・美術館・博物館・博覧会・展示会などの展示デザインおよび社寺・教会・記念碑などの類
第5類	船舶・車輌・航空機の各室の類

※FFEとはFurniture Fixture and Equipmentの略称。一般には基本的な内装仕上げ工事（クロス、塗装、木工事など）を除いた装飾的な家具、サイン、備品、カーペットなどの工事

② 動線計画の検討

　利用者や車の流れを予測・検討して、サインの効果的な設置場所を計画する。そのため平面図とエレベーション図面から、色分けして、動線を描いてみる。コマーシャル施設などでは、顧客と従業員、客の車と搬入車をそれぞれ分ける必要がある。

③ 設置場所とサインの形状、材料の選択

　動線計画に基づいて設置する場所を検討し、場所の位置や状況により取付形式とサインの主材料を決定する。

(3) サインデザインの計画

① サインの種類

　サインの伝達機能を大別すると下記の表のようになる。それぞれの機能を理解し、適切に配置計画することが肝要である。

表5.2　サインの種類

類別	特性	例
名称サイン	建物や店・場所を示す 内部の室名やレストラン名を示す	建物名称など レストラン名称など トイレ性別サインなど
誘導サイン	目的地までの誘導を示す 矢印などで方向を示す 平面図などで目的場所などに導く	トイレ誘導サイン エレベーター誘導サイン 階段・非常口誘導など
表示サイン	施設全体を示す 現在位置と目的地の関係を示す 目的場所を示す	全館案内サイン 各階案内サイン 室名サイン
説明サイン	施設の機能を告知する 利用内容などを告知する	エリアマップ 利用案内サイン トイレブース案内サイン
規制サイン	禁止・注意を示す 利用者にさまざまな規制を表示する 災害・事故時に注意・告知を示す	立入禁止サイン 禁煙サイン 通行止サインなど

② サインの型式

　サインを形状で分けると、利用者が遠くから見る吊下げ型、突出し型と、近くで確認する壁付型や自立型などがあり、種類により適切な形状、取付け方法を選ぶことが必要である。

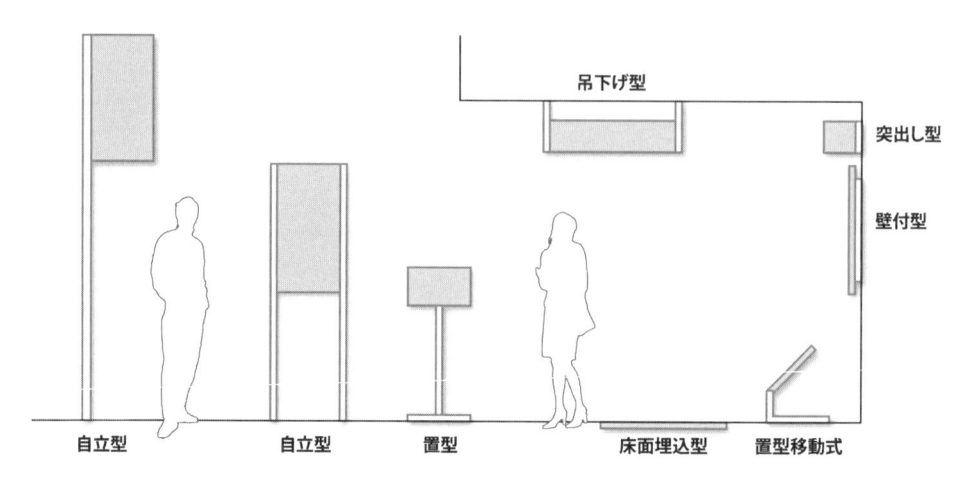

図5.1　サインの型式

③ サイン材料の選択と特性

　外部（建築、ランドスケープ）、内部（インテリアデザイン）のデザインイメージおよびカラーリングに合った材料を選択し、各部位のディテールなどとのマッチングを検討する。従来の材料（ステンレス、シンチュウ、アクリル）の組合せのみならず、あらゆる材料が考えられる。たとえば、布や和紙、竹やドライフラワーなど、アイデア次第で新しいデザインが可能である。

(4) サインの視認性と可読性

　計画では設置位置や材料の検討後、サインの視認性と可読性の検討が必要である。サイン本体の大きさや色、表地面の大きさと地色、文字の大きさと色および書体などを検討する。なお、位置による効果を原寸大のダミーなどで調べる。

① 文字の可読距離

　文字の見やすさの条件は、大きさ、線の太さ、書体の可読性、表示面の明るさ、表示面下地との対比などで決まる。図5.2は一般的な書体による可読距離を示している。

広域的景観
都市的景観
街区的景観

| 表札 | 置き看板など | 袖看板など | 屋上広告板など | ランドマークとなる建築・建造物 | 空港の誘導等 |

*1 距離と景観

- 6m　1軒1軒よく識別できる
- 25〜30m　建築として印象に残る
- 100m　建築のスカイラインの識別
- 600m　建築群としてよく見える
- 1200m　都市景観として見える

文字・シンボルの大きさ (cm)

*2 ネオン文字
　漢字10画前後
　カタカナ、ローマ字

道路標識視認性の研究より *4

グラフィック・シンボル *5

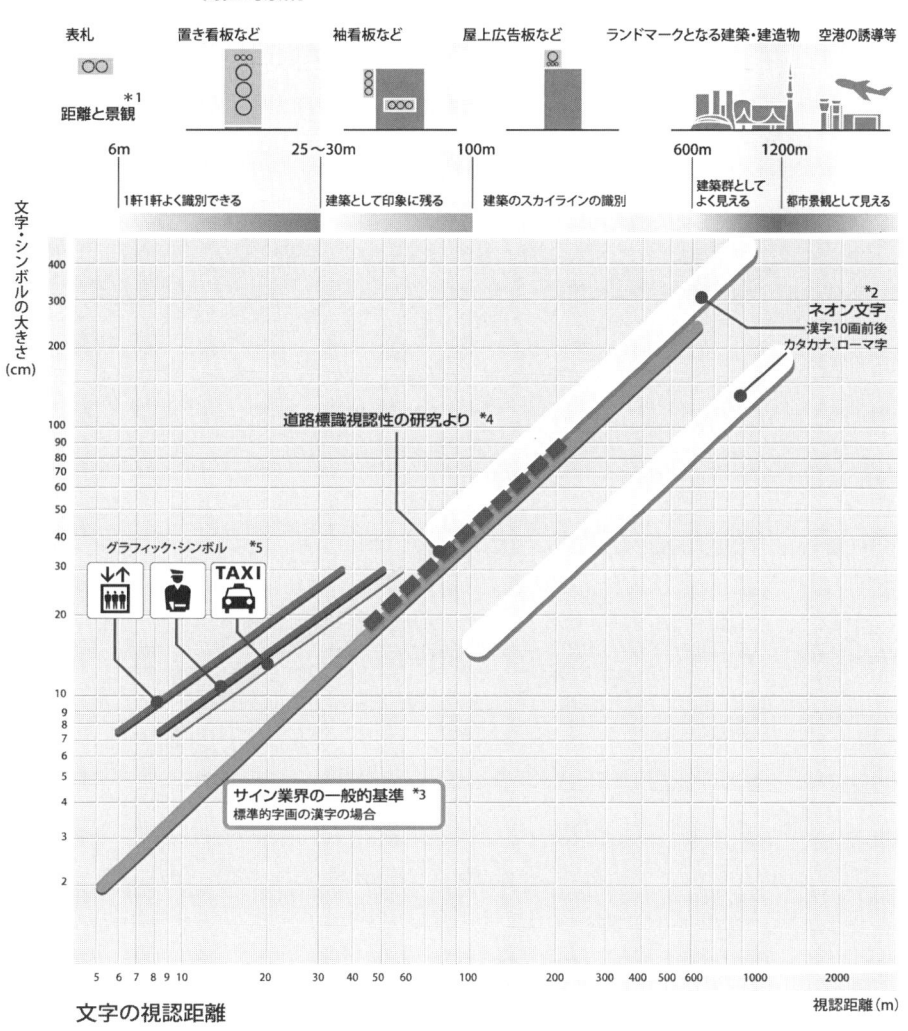

サイン業界の一般的基準 *3
標準的字画の漢字の場合

文字の視認距離

視認距離 (m)

*1 外部空間の構成/芦原義信　彰国社
*2 屋外広告ハンドブック/(社)全日本屋外広告業団体連合会
*3 関重広博士のデータによると『2本のネオン管が分かれて見える限界は、大体2本の間隔の1000倍ないし1500倍である』『この基準は、管の色によってあまり変わらない』ということである。従って、このグラフの線幅は、1000倍〜1500倍という数字に対応して広く表示した。
*4 道路標識の視覚性について　その5/宮本誠
*5 Symbol Sign/アメリカ・グラフィック・アーツ協会、宣伝会議

図5.2　文字の可読距離

5.1　ビジュアルコミュニケーション　95

② 屋内サインの設置位置の目安

　屋内サインでの見やすい範囲は床面から700〜1800mmの高さで、表示面はB1判の縦寸法（1030×728mm）程度が適切である（図5.3）。なお吊下げ型サインの位置（図5.4）、車椅子使用者の視線の高さ（図5.5）をそれぞれ図で示した。

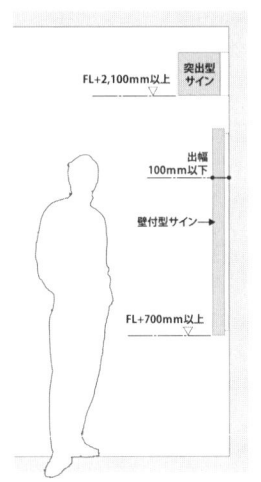

図5.3　屋内サインの平均的設置位置

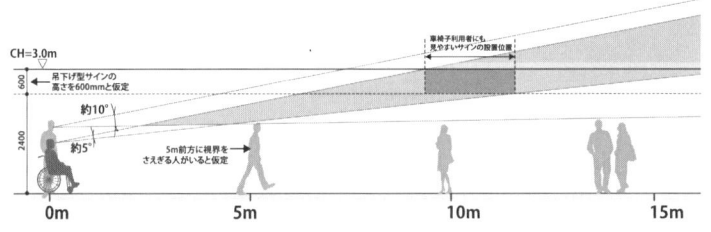

図5.4　吊下げ型サインの設置位置の基準

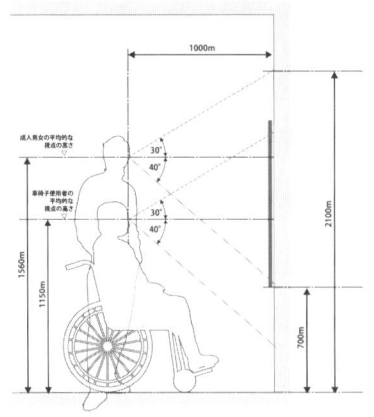

図5.5　成人男女および車椅子使用者の平均的な視点の高さ

③ ピクトグラム（絵文字）による視認性の検討

近年ピクトグラムといわれる案内図記号が多く使われている。国際基準からコマーシャル的なものまで、施設や建物用途によって記号が使い分けられる（図5.6、図5.7）。

■ JIS Z8210 案内用図記号(ピクトグラム)

「高齢者、障害者等の移動等の円滑化の促進に関する法律」(バリアフリー新法)の17条に規定する認定(認定特定建築物)を受けている場合、図記号(ピクトグラム)はJIS Z8210に適合するものとあるので以下に掲載する。(抜粋)

お手洗	男子	女子	乳幼児用設備	身障者用設備	車椅子スロープ	休憩所/待合室
手荷物一時預かり所	コインロッカー	銀行・両替	キャッシュサービス	電話	喫煙所	クローク
レストラン	喫茶・軽食	エレベーター	エスカレーター	階段	救護所	警察
鉄道	バス	タクシー	自転車			
案内所	駐車場	会計	情報コーナー	一般指示	一般注意	一般禁止
禁煙	火気厳禁	進入禁止	フラッシュ撮影禁止	撮影禁止	携帯電話使用禁止	飲食禁止
ペット持ち込み禁止	走るな/かけ込み禁止	消火器	非常ボタン	非常口		

図5.6　JISによる標準ピクトグラム

5.1　ビジュアルコミュニケーション

■ オリジナルピクト一覧

男性化粧室　女性化粧室　多目的化粧室　オストメイト　ベビーベッド　階段　エレベーター　矢印　喫煙室

■ トイレピクト

図5.7　施設の特性を表現するピクトデザイン

5.2　グラフィックプログラム

5.2.1　サイン計画のプログラム（ホテル編）

　サイン計画の中で、デザイン性や機能性にもっとも配慮を必要とするのは、ホテルのサイン計画である。

　サインデザインのイメージ作成から、実施、製作、取付け、アフターケア、オープンまでの行程を例に述べる。

　事例のホテルは、イングランド北方のスコットランドのアーツ・アンド・クラフツと古都エジンバラをテーマにしているが、そこに古い街並みや伝統的な生活文化を今に伝える京都のイメージを合わせてデザインコンセプトがつくられている。

（1）サインデザインのための動線計画

　宿泊、宴会、レストランなど各施設への客の流れをそれぞれ色分けして、平面図にラフに記入し顧客の流れを把握する。1階エントランスからレストラン階、宴会場階、宿泊客室階、それぞれの流れを把握。車両、客用、業者搬入および車なども検討しておく。

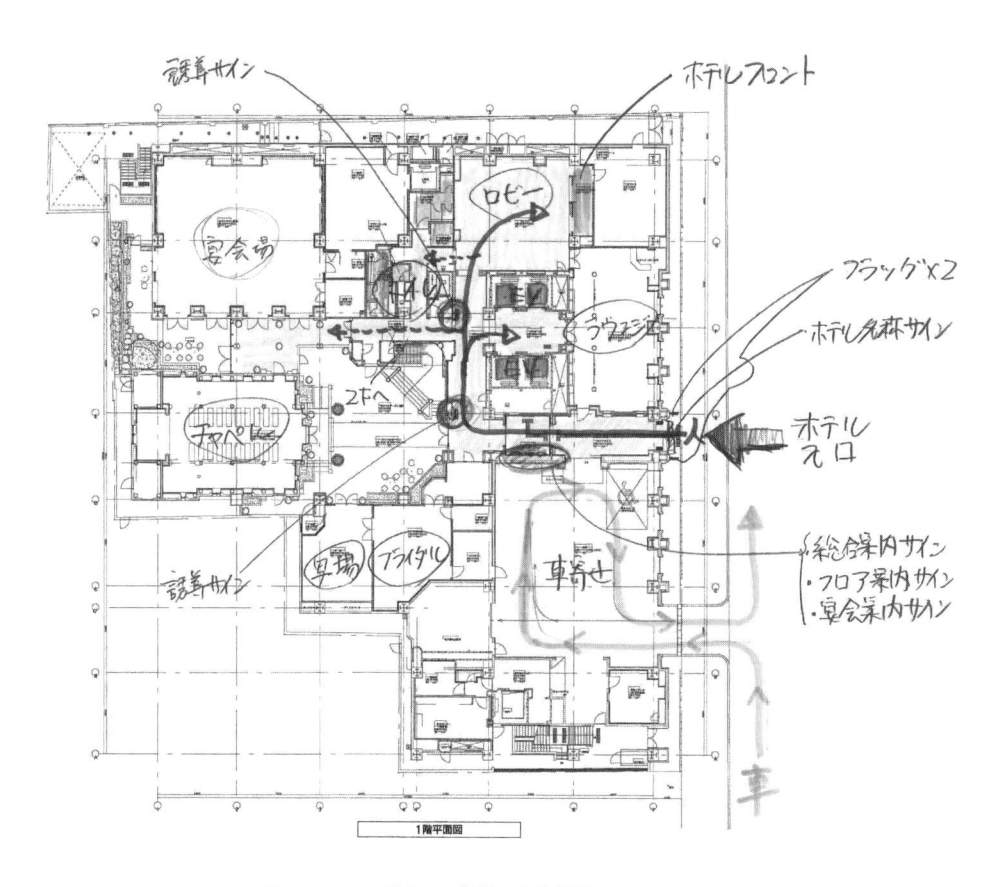

図5.8　ラフに記入して検討した動線図

(2) 予算取り（概算）のための基本計画

① 各階の図面に必要サインのプロット図をつくる。

　プロット図とは、必要と思われるサインの位置および種類を平面図に示し、各階サインのボリュームを把握するための図である。

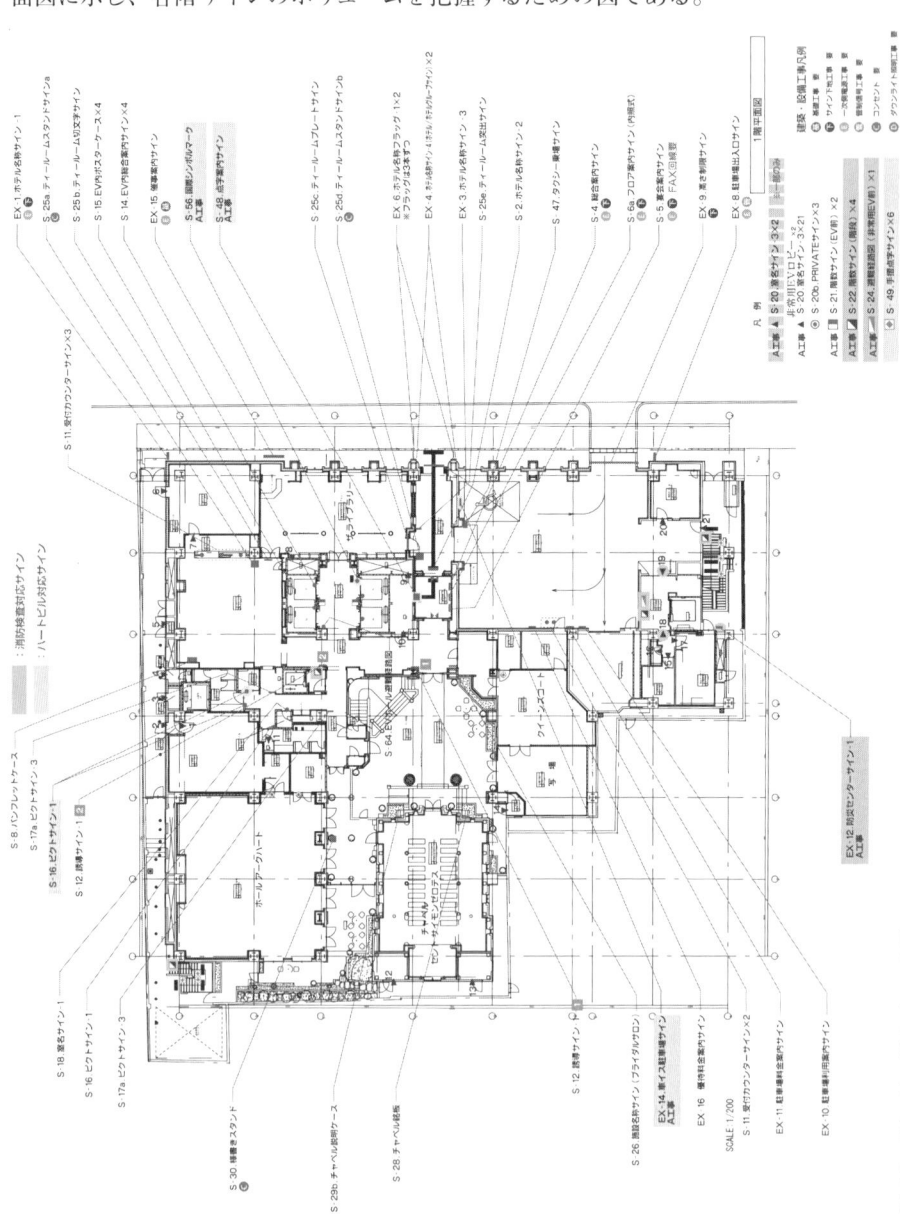

図5.9　1Fロビー階のプロット図

図5.10 客室階のプロット図

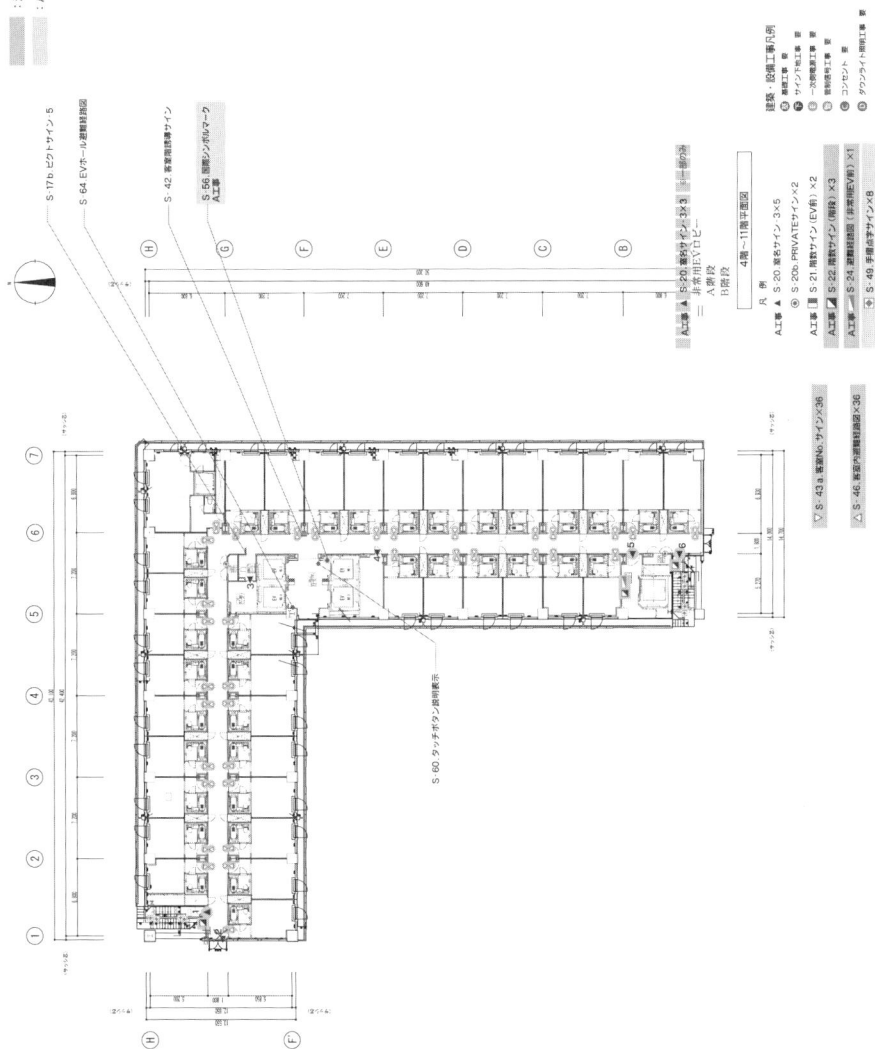

5.2 グラフィックプログラム

② 仕様書の作成

一覧表をつくり、サインアイテムの種類と個数、仕様を表示する。

これにより主要アイテムの確認をするとともに全体の概算を算出する。概算見積によってクライアント（ホテル側）と予算や仕様の調整をする。

表5.3　一覧表

工事区分	サイン番号	サイン名称	取付	照明	合計	外構	B1F	1F	2F	3F	4F～11F	12F	13F	RF	備考
FFE工事	EX-1	ホテル名称サイン-1	突出	○	1	1									※一次側電源（電気工事）
FFE工事	EX-3	ホテル名称サイン-3	壁付		1	1									
FFE工事	EX-4	ホテル名称サイン-4(ホテル/ホテルグループサイン)	壁付		2	2									
FFE工事	EX-6	ホテル名称フラッグ-1	突出		2	2									
FFE工事	EX-8	駐車場出入口サイン	突出	○	1	1									※一次側電源（電気工事）/パトライト、ブザー付器具支給
FFE工事	EX-9	高さ制限サイン	壁付		1	1									※満空表示、一般用とハイルーフ用それぞれ表示
FFE工事	EX-10	駐車場利用案内サイン	壁付		1	1									
FFE工事	EX-11	駐車場料金案内サイン	壁付		1	1									
A工事	EX-12	防災センターサイン-1	壁付		1	1									
A工事	EX-14	車イス駐車場サイン	壁付		1	1									
FFE工事	EX-15	催事案内サイン	自立	○	1	1									※一次側電源（電気工事）
FFE工事	EX-16	観桜料金案内サイン	壁付		1	1									
FFE工事	S-2	ホテル名称サイン-2	壁付		1			1							
FFE工事	S-3b	ホテル名称サイン-4	壁付		2				2						
FFE工事	S-4	総合案内サイン	壁付	○	1			1							※一次側電源（電気工事）
FFE工事	S-5	宴会案内サイン	壁付	○	1			1							※一次側電源（電気工事）
FFE工事	S-6a	フロア案内サイン（内照式）	壁付	○	1			1							※一次側電源（電気工事）
FFE工事	S-6b	フロア案内サイン（無照式）	壁付		1				1						
FFE工事	S-8	パンフレットケース	スタンド		1			1							
FFE工事	S-10	クロークサイン	壁付		1				1						
FFE工事	S-11	受付カウンターサイン	卓上		7			5	1				1		※2Fクロークは両面表示
FFE工事	S-12	誘導サイン-1	壁付		4			2	2						
FFE工事	S-14	EV内総合案内サイン	壁付		4			4							
FFE工事	S-15	EV内ポスターケース	壁付		4			4							
FFE工事	S-16a	ピクトサイン-1	壁付		6			5	1						
FFE工事	S-16b	ピクトサイン-2	壁付		2				2						
FFE工事	S-17a	ピクトサイン-3	突出		2			2							
FFE工事	S-17b	ピクトサイン-5	突出		10					1	8(1×8フロア)	1			
FFE工事	S-17c	ピクトサイン-4	突出		1			1							
FFE工事	S-18	室名サイン-1	壁付		3			1	1	1					
A工事	S-20a	室名サイン-3	扉付		170		29	22	19	8	56(7×8フロア)	13	22	1	
FFE工事	S-20b	PRIVATEサイン	扉付		31			3	7	2	16(2×8フロア)	2	1		
A工事	S-21	階数サイン（EV前）	壁付		26			2	2	2	16(2×8フロア)	2	2		
A工事	S-22	階数サイン（階段）	壁付		45		3	4	4	4	24(3×8フロア)	3	3		
A工事	S-24	避難階段図（非常用EV前）	壁付		14		1	1	1	1	8(1×8フロア)	1	1		
FFE工事	S-25a	ティールームスタンドサインa	スタンド		1			1							
FFE工事	S-25b	ティールーム切文字サイン	壁付		1			1							
FFE工事	S-25c	ティールームプレートサイン	壁付		1			1							
FFE工事	S-25d	ティールームスタンドサインb	スタンド	○	1			1							※コンセント（電気工事）
FFE工事	S-25e	ティールーム突出サイン	突出		1			1							
FFE工事	S-26	諸室名称サイン（ブライダルサロン）	壁付		3			3							
FFE工事	S-27a	諸室名称サイン（壁付箱）	壁付		8					8					

（3）基本デザインの作成

　建築、インテリアのデザインから、サイン計画のコンセプト、カラーリング、イメージを検討し、基本的なデザイン案を作成して、クライアントにプレゼンテーションする。なおこのプロジェクトではA、B、C、3案（図5.11〜5.13）をプレゼンテーションし、A案に決定した。

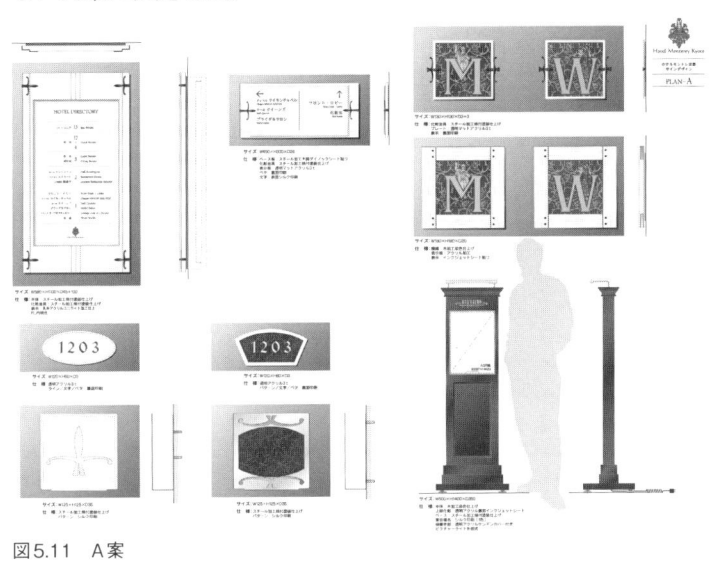

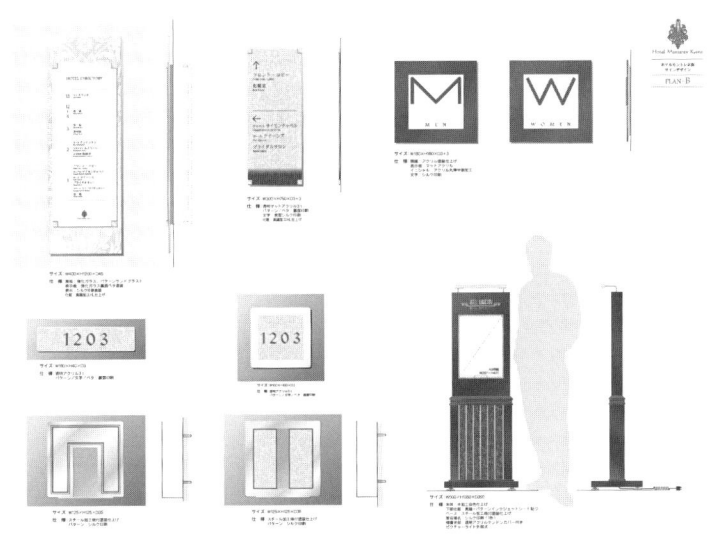

図5.11　A案

図5.12　B案

5.2　グラフィックプログラム

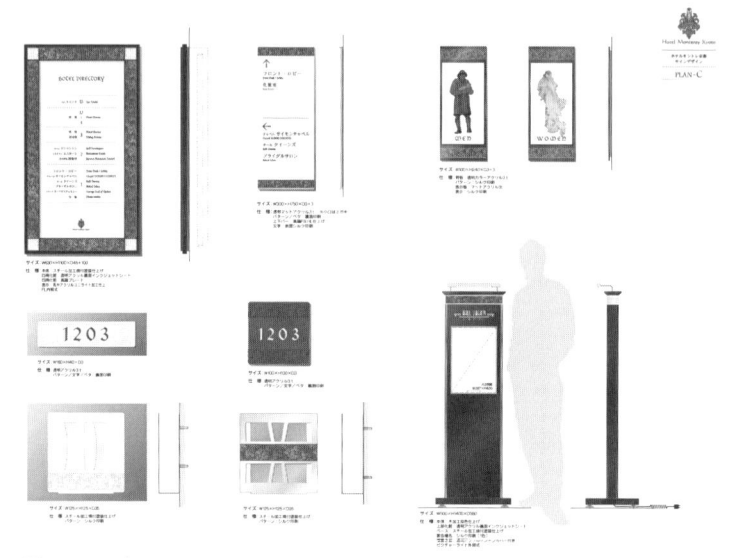

図5.13　C案

　なお、わが国の各都道府県には広告物条例があり、サインについては色、大きさ、仕様などが決められている。そのためサイン計画にあたっては、役所担当者との事前調整が必要である。ちなみに京都には、古都にふさわしい景観条例などこまかな規則があって、外部サインのベース色は白色に決められており、独自のコーポレートカラーなどを使うことができない。また点滅照明などの使用も禁止されている。

(4) 工程表

　建築の工程表に合わせてサイン計画の工程表を作成する。役所との調整日程なども記入しておく。

表5.4 工程表

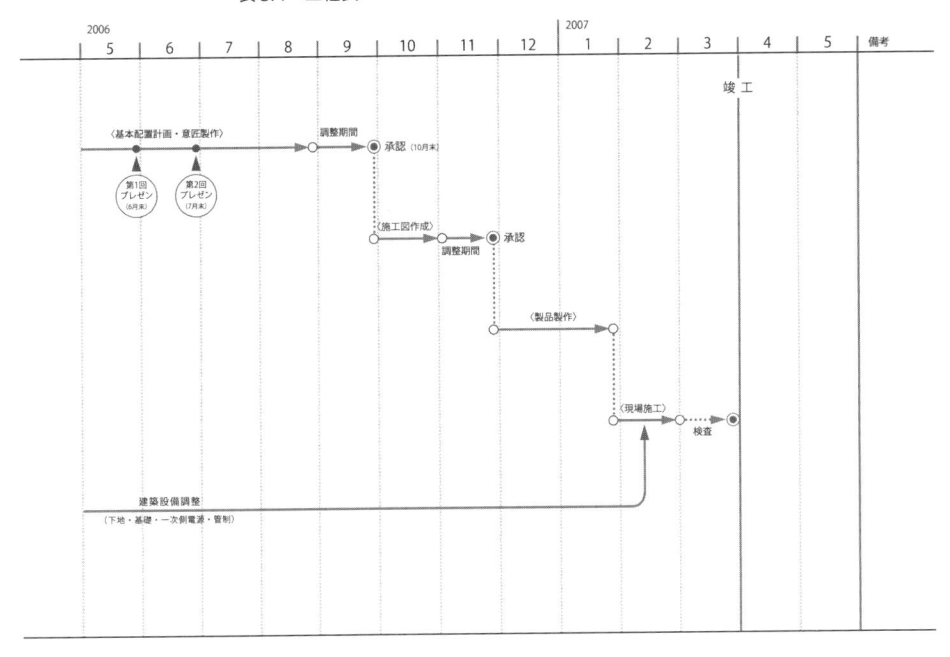

(5) クライアント（ホテル側）との打合せ

基本デザイン案決定後、ホテルオペレーション担当者やインテリアデザイナー、ランドスケープデザイナーとの打合せをする。実際の仕様、表示内容、材料を確認し、文字の大きさも確認しながら決定していく。サインアイテムそれぞれの最終確認後、本見積を提出、決定してから製作に入る。

(6) 製作図の作成と製作

製作図を作成し、取付け方法や電源設備などを建築担当者や設備担当者と打合せし、サインアイテムの製作に入る。

図 5.14 製作図

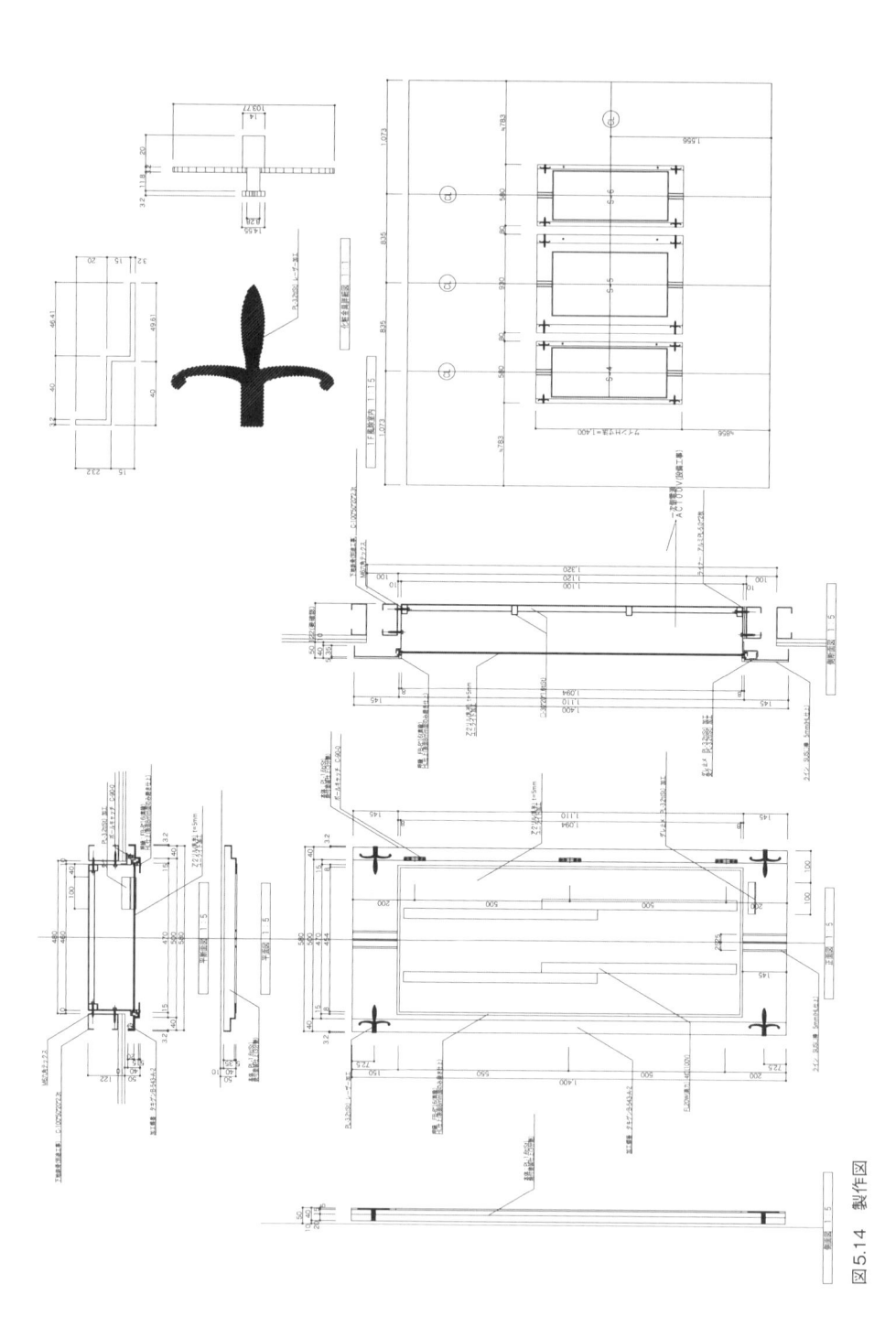

（7）設置場所に取付け

　建築、インテリアの施工、仕上げ状態を確認しながら、サインの取付け作業に入る。

写真5.1　ホテル外部サイン

写真5.2　ホテル内部サイン

(8) 竣工、メンテナンス

取付け完了後、クライアントに維持管理のためのメンテナンス表、照明取替え、掃除などの必要書面を作成して提出。

表5.5 メンテナンス表

基本事項
1. シンナー等の有機溶剤や、強酸・強アルカリ性洗剤は表示や製品本体を傷めますので使用しないでください。
2. ナイロンたわしや硬い布等、製品に傷を付けるおそれのあるものは、使用しないでください。

ステンレス製品／アルミニウム製品
SUS304 はオーステナイト系ステンレスの代表的な鋼種で、耐食性、靭性、延性、加工性、溶接性に優れ、幅広い用途で使用されています。金属サインではその仕上げとして、ヘアーライン、鏡面、ビーズブラスト、パーマネントヘアーライン、カラーステンレスなどがあり、通常は表面にトップコートを塗装せず使用されます。このほか、焼付塗装やカットフィルムを施したものもあります。アルミニウム製品は、基本的にアルマイト処理もしくは塗装などでコーティングしていますが、定期的なメンテナンスにより、美観を長く保っていただけます。

■ヘアーライン・鏡面・パーマネント仕上げの場合（定期的な水洗いと乾拭き）
1. 水洗い　　製品に付着した、ホコリや汚れを洗い流します。ウエス等のやわらかい布に水を含ませ、傷をつけないように汚れを拭き取ります。
　　　　　　汚れが目立つ場合は、中性洗剤を少量水に薄めて使用してください。スポンジによっては製品に傷を付ける場合がありますので、ご注意ください。
2. 乾拭き　　乾いたやわらかい布で、傷を付けないように水分を拭き取ります。雨上がりに行うと、酸性雨による腐食を防ぐことができます。
3. 研磨剤　　ひどい汚れの場合は、微粒研磨剤入りスポンジなどで汚れを拭き取ってください。ヘアーラインの場合はその目に沿って拭いてください。
　　　　　　（但し、鏡面製品は傷つきますので、行わないでください）

■カットフィルム・塗装仕上げの場合（定期的な水洗いと乾拭き）
1. 水洗い　　製品に付着した、ホコリや汚れを洗い流します。ウエス等のやわらかい布に水を含ませ、傷をつけないように汚れを拭き取ります。
　　　　　　汚れが目立つ場合は、中性洗剤を少量水に薄めて使用してください。スポンジによっては製品に傷を付ける場合がありますので、ご注意ください。
2. 乾拭き　　乾いたやわらかい布で、傷を付けないように水分を拭き取ります。雨上がりに行うと、酸性雨による腐食を防ぐことができます。

銅・真鍮製品（定期的な水洗いと乾拭き、ワックス）
銅・銅合金（真鍮）製品は、空気中に含まれる化合物と反応しやすい素材です。そのため、ほとんどの場合はクリアー塗装によるトップコートが施されています。

1. 水洗い　　製品に付着した、ホコリや汚れを洗い流します。ウエス等のやわらかい布に水を含ませ、傷をつけないように汚れを拭き取ります。
　　　　　　汚れが目立つ場合は、中性洗剤を少量水に薄めて使用してください。スポンジによっては製品に傷を付ける場合がありますので、ご注意ください。
2. 乾拭き　　乾いたやわらかい布で、傷を付けないように水分を拭き取ります。雨上がりに行うと、酸性雨による腐食を防ぐことができます。
3. ワックス　2、3ヶ月に一度、少量の金属用ワックスを布に浸みこませて拭き、やわらかい布できれいにすると、一層光沢を増していきます。（研磨剤入りのワックスは使用しないでください）

アクリル製品（定期的な水洗いと乾拭き）
表面が平らな透明アクリル樹脂板は、傷が目立ちやすい材料です。また、ホコリが溜まったり指紋がついたりしますので、定期的な清掃をお願いいたします。

1. 水洗い　　製品に付着した、ホコリや汚れを洗い流します。ウエス等のやわらかい布に水を含ませ、傷をつけないように汚れを拭き取ります。
　　　　　　汚れが目立つ場合は、中性洗剤を少量水に薄めて使用してください。スポンジによっては製品に傷を付ける場合がありますので、ご注意ください。
　　　　　　※アクリル樹脂板は可燃性です。火気に近づけないでください。
　　　　　　※直射日光または温風が直接当たる場所、極端に湿度の高い場所での使用は避けてください。製品の反り、樹脂の劣化、強度低下、接着部分の強度低下につながるおそれがあります。

記録写真をファイルしたり、竣工写真を利用して営業などのリーフレットなどを作成する（写真5.3）。

写真5.3　営業用パンフ、撮影：大東正巳

5.2.2 その他のグラフィックデザイン業務

グラフィックプログラムでは、サイン計画のほか、ホテル関連のデザイン業務として、下記に示すようなデザイン作業も行われる。

① ホテルメインロゴマーク

■ ホテルロゴ

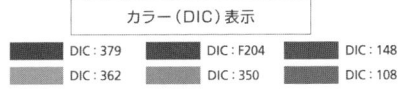

Hotel Monterey Kyoto
ホテルモントレ京都

カラー（DIC）表示

	DIC : 379		DIC : F204		DIC : 148
	DIC : 362		DIC : 350		DIC : 108

Hotel Monterey Kyoto
ホテルモントレ京都

単色ネガティブ表示

	BL_100%		BL_80%		BL_20%

■ フォント

■ 和文：平成明朝W5
あいうえおかきくけこさしすせそなにぬねの
アイウエオカキクケコサシスセソナニヌネノ
亜意宇絵尾加季久気子名似濡音野

■ 和文：平成明朝W7
あいうえおかきくけこさしすせそなにぬねの
アイウエオカキクケコサシスセソナニヌネノ
亜意宇絵尾加季久気子名似濡音野

■ 英文：Footlight MTL Regular
ABCDEFGHIJKLMNOPQRSTUVWXYZ
abcdefghijklmnopqrstuvwxyz

■ 数字：Clairvaux Roman
0123456789.,

■ 組合せ例

HOTEL DIRECTORY
フロント・ロビー
Front Desk / Lobby

図5.15　ロゴマークと基本書体

・各施設のネーミングおよびロゴタイプデザイン（レストラン、宴会場、ショップなど）

■ レストラン・チャペルロゴ

図5.16　ホテル各施設のロゴマーク

② その他のデザイン作業
・パンフレット（ホテル開業前の営業用パンフレット、全館案内パンフレット、レストランパンフレット、宴会・ウェディング案内パンフレットなど）
・ビジュアルイメージボード（各施設の内装やコンセプトイメージをビジュアルにつくる）
・備品デザイン（アメニティーグッズ、皿など）
・ユニフォームデザイン
・家具、備品、アートワーク、ディスプレー用品などの選択。
・タペストリー、モザイクタイル画、ペイント画など作家に依頼したり、製作監修したりする。

写真5.4 レストランメニュー

写真5.5 ショープレート

写真5.6 家具、小物

写真5.7 アートワーク

写真5.8 アメニティーグッズ

写真5.9 ホテルパンフレット

5.2 グラフィックプログラム

前述のようにビジュアルコミュニケーションの作業は多岐にわたり、多くの時間と作業行程を必要としている。近年は差別化とより個性化が要請されている中で、いろいろなアイデアやイメージを駆使してよりよいサインデザインを創出していきたいものである。

◆資料提供・協力
ホテルモントレ京都
㈱ノムラコスモス
ジェイ・エル・エイ㈱
鹿島建設㈱
㈱マテックス
田上デザイン室
㈱シスルインターナショナル

第6章 音の演出

6.1 生活の中の音

　近年私たちの身の周りにはさまざまな音が発生している。住まいではテレビやラジオ、オーディオ、家電製品、ペットの鳴き声、オフィスでは電話やパソコン、人の話し声、屋外に出ると車やバイク、小鳥のさえずり、自然の中では風や雨、谷川の流れる音や海の潮騒、ちょっと目を閉じて耳を澄まして周りで起きている音を聞いてみよう、ふだんは空気のような存在であるが、私たちの生活で欠かすことができないのが音である。

　目（視覚）は閉じれば見なくてすむが、耳（聴覚）は眠っているときでも開いている。私たちは四六時中、音と深い関係をもっている。音は人類が生存していく上で欠かせないもので、危険を予知したり、リラックス効果をもたらせたり、その逆にストレスの要因であったりもする。オフィスや工場では生産性をあげる役割を担い、大切な情報を入手したり、人と人を結びつけるコミュニケーション手段ともなる。人間のもつ知覚心理の中で大切な役割を果たしている。

6.1.1　五感と聴覚

　五感というのは視覚・聴覚・嗅覚・味覚・触覚のことである。五感の中でも圧倒的に視覚の占める役割は大きく、日常生活を行う上でいかに視覚に頼っているかわかるであろう（図6.1）。

　聴覚と他の感覚との大きな違いは、視覚は目を閉じれば遮断することができ、嗅覚は鼻を使わなければ嫌な臭いを嗅ぐこともない。しかし、聴覚は二次的に耳を押さえない限り音を遮断することができないし、つねに耳から情報が入ってくる状態なのである。

　聴覚は、外耳、中耳、内耳、聴神経、聴覚皮質などの器官を使い、音声信号を神経活動情報に変換し、音の強さ、音高、音色、音源の方向、リズム、言語などを認識する能力・機能をもち、寝ているときでも大きな物音がすると危険を感知して目が覚める。休むことなく働いているのが聴覚なのである。

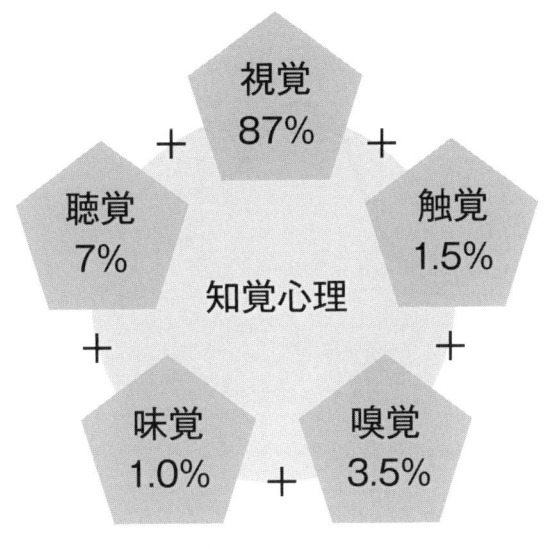

図6.1　知覚心理＝五感

6.1.2　音の種類

音は空気の振動（波）で発生する。実際には水や固体も音を伝えるが、一般的には空気の振動を音という。

音には快適な音と不快な音が存在し、その区別は難しいが、他人が発生する音がその場にふさわしくないと不快に感じ騒音として認識する。なお、音の伝搬媒体には次の二つがある。

（1）空気伝搬音

空気中で発生して空気を媒体として伝わる音。雷の音、警笛の音、車の騒音、人の話し声。

（2）固体伝搬音

固体（壁や床）に振動や衝撃が与えられ、それに接する空気を振動させて伝わる音。糸電話、階上の足音、トイレの排水音。

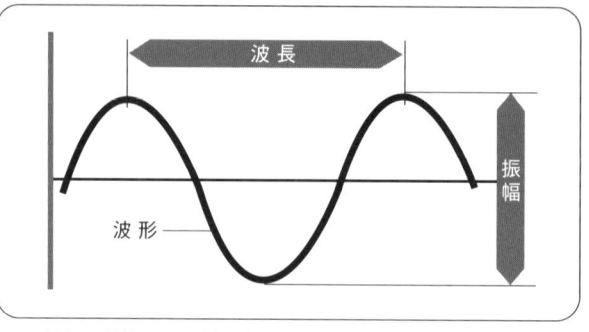

音は、一般的には、固体・液体・気体などによって伝えられる波と考えられ、「波長」「振幅」「波形」で表す。
音の大小は「振幅」、高低は「波長」、音色は「波形」で決まる。

　　　　○波長が長いと、音は低くなる。
　　　　○振幅が大きいと、音は大きくなる。

図6.2　波形

・大きさ	・テレビのボリュームのような音の大小をさし、音の大きさは、音の圧力、つまり音圧（デシベルdB、パスカルPa）で表す	・音声 ・物音	音声や物音は人間以外でも発生させることができる
・高さ	・ピアノの鍵盤に例えると右と左の音の高低差を指す。音の高さは周波数（ヘルツHz）で表す		
・音色 　音質	・音の大きさや音の高さのいろいろな組合せと、その時間的な変動を指す音の大きさや高さは一つに限定できるが、それらを組み合せた音色は無限に存在する	・音楽	・音声（言葉）や音楽は人間特有の世界

図6.3　音の三要素

表6.1　空気音と固体音

音の伝わり方	空気伝搬音	固体伝搬音
	空気を伝わってくる音	壁・床などの固体を伝わってくる音
音の例	飛行機の音、警笛の音 車の騒音、人の話し声	糸電話、階上の足音、トイレの排水音
	飛行機が見えても音が聞こえず、数秒後に聞こえる	昔懐かしい糸電話。これが固体伝達音のもっともわかりやすい現象
建物の対策	比重の重い材料を使う 隙間をなくす 窓や仕切を二重にする	建物を強くする（揺れない建物） クッション性のある素材を使う

　人間の感じることのできる音の高さは、20Hzから2万Hzまで、その範囲の音を聞き分けることができ、音楽用のCD再生音域スペックも決められている。

　音はその場の環境によっても微妙に影響される。気圧、温度や

風によっても左右される。音の性質として昼間は空気粗密が空の方に発散されやすく、夜間は地上に降りやすくなる。夜間の方が昼よりも音が聞こえやすくなり、風が吹いているときは風上から風下に音が流れて、風下の方が聞こえやすくなる。地方都市の競艇場などでは、風のないときは周辺でしか聞こえないエンジン音が、風のある日は数キロ離れたところで騒音として認識されることもある。

硬い素材に音がぶつかると音が反射増幅（反響など）や減衰したり、逆に柔らかい素材に対しては、音のエネルギーが分散されたり吸音減衰したりして、音質も変化する。地面の草地・森林のような柔らかい対象（素材）や障害物によって音の減衰もある。もちろん空気の質量によっても音は微妙に変化する。

6.1.3 音は気温によって変化する

音は15℃の空気中では、1秒間に340mほど進む。水中では約5倍（1500m/sくらい）、鉄などでは、20倍（6000m/s）くらいになる。つまり、6km離れた電車の音が、レールに耳を当てれば1秒後に聞こえるが、汽笛などの空気を伝わる音は20秒くらいかかることになる。

空気中の音の速度は $[331.5 + 0.6 \times 気温（℃）]$ で求めることができる。

音の伝わる速度は温度が高いと早くなり、低くなると遅くなる。晴天時の日中では地上が暖められ、地上付近の温度が高くなり、夜間では放射冷却により地表の温度が下がる。このような空間を音が伝わるときには、温度による速度差で音の進行方向が変わる。

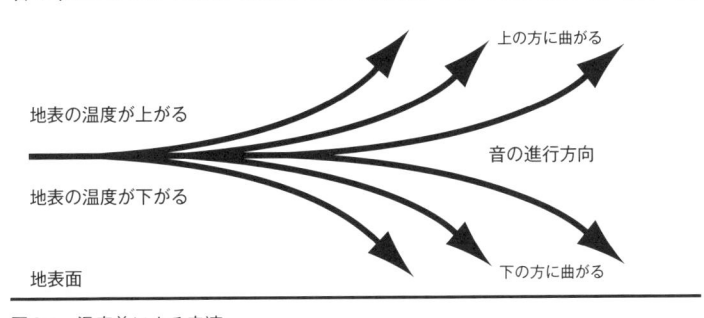

図6.4　温度差による音速

6.1.4 騒音

　騒音とは、騒がしくて不快（好ましくない音）と感じる音のことである。騒音は環境基本法で定義されている下記の七公害のひとつとされ、環境基準が定められている。

　七公害とは大気汚染、水質汚濁、土壌汚染、騒音、振動、地盤沈下、悪臭をいう。

　一般的には音圧レベルが基準値を超えるものが騒音と認識されるが、ある人にとって好ましい音であっても、他の人にとっては騒音（不快音）と感じることもある。具体的に何を騒音と感じるかは、個人の心理状態や感覚、環境によっても異なる。

　近年、騒音の中でも低周波騒音が問題視されている。1～20 Hzぐらいの耳には聞こえない低い周波数の音での騒音が超低周波騒音、100 Hz以下の騒音は低周波騒音と呼ばれ、通常、両者をともに、低周波騒音としている。低周波騒音は耳に聞こえない分厄介である。

　低周波騒音の中で、2006年頃からエコキュート騒音といわれるものや2007年からは風力発電の騒音なども問題視されている。いずれも騒音源が「省エネで環境に優しい」という謳い文句で、国策による時代に沿った設備である。

表6.2　生活（家の中）の中での騒音

音の大きさ （デシベル）	音の対象
85dB～	犬の鳴き声　ミニチュアーダックスフンド・柴犬（86～89）
80～90dB	ピアノを弾く音 ステレオ中音量・生ギター・ヴァイオリン・子供の騒ぐ声・電話
70～80dB	ドアや窓の開閉音
65～75dB	洗濯機　風呂または給排水音　車のアイドリング
55～70dB	テレビ　子供の駆け足　トイレ洗浄音
50～60dB	人の話し声（日常）
45～55dB	温風ヒーター
40～60dB	エアコン

表6.3 騒音レベル―音の対象（身近な事例）

音の大きさ（デシベル）	音の対象	騒音
140 dB	140デシベルを超えると耳を傷めることがある	耳が壊れそうになる
130 dB	ジェット機の離陸 生ドラム・ロックバンド・パーカッション・コンガ	耳が痛くなる
120 dB	リベット打ち　テナーサックス・声楽プロ・ くい打ち　　ライブハウス・吹奏楽演奏 新幹線鉄橋通過	
110 dB	自動車の警笛 ヘリコプターの近く	さけび声
100 dB	電車が通る時のガード下	非常にやかましい
90 dB	騒々しい工場の中　カラオケ店内客席中央部 大声による独唱　　パチンコ店内・滝の音（近く） 大声、犬の鳴き声	
80 dB	地下鉄・電車の車内 バスの車内 ピアノの音	電話が聞こえない
70 dB	電話のベル 騒々しい事務所 騒々しい街頭	大声で会話
60 dB	テレビ・ラジオの音 静かな乗用車 チャイム	普通の会話
50 dB	静かな事務所 エアコンの音（室外機） 小さな声　博物館	心地よい生活環境
40 dB	静かな住宅地の昼 市内の深夜 図書館	静か
30 dB	郊外の深夜 かすかな声・洋服を着る音・ 静寂・録音スタジオ	非常に静か
20 dB	木の葉のふれあう音 置時計の秒針 呼吸する音　雪の降る音　蛍光灯（トランス）	ささやき声
		無音

6.1　生活の中の音　　121

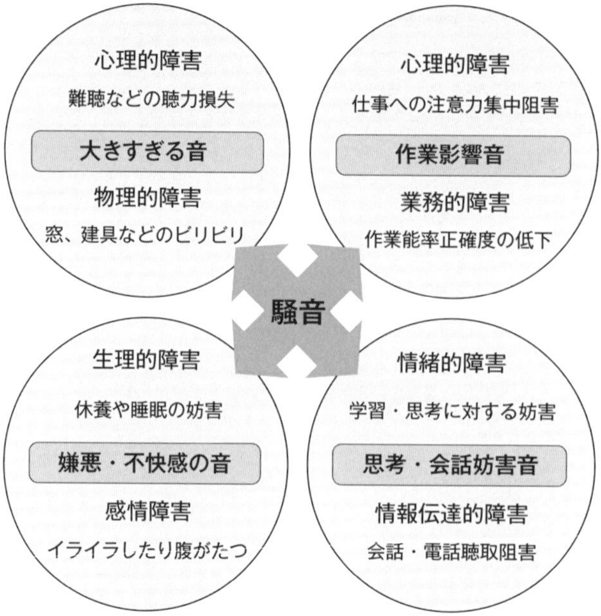

図6.5 騒音の種類と障害

大きすぎる音
- 心理的障害：難聴などの聴力損失
- 物理的障害：窓、建具などのビリビリ

作業影響音
- 心理的障害：仕事への注意力集中阻害
- 業務的障害：作業能率正確度の低下

嫌悪・不快感の音
- 生理的障害：休養や睡眠の妨害
- 感情障害：イライラしたり腹がたつ

思考・会話妨害音
- 情緒的障害：学習・思考に対する妨害
- 情報伝達的障害：会話・電話聴取阻害

図6.5 騒音の種類と障害

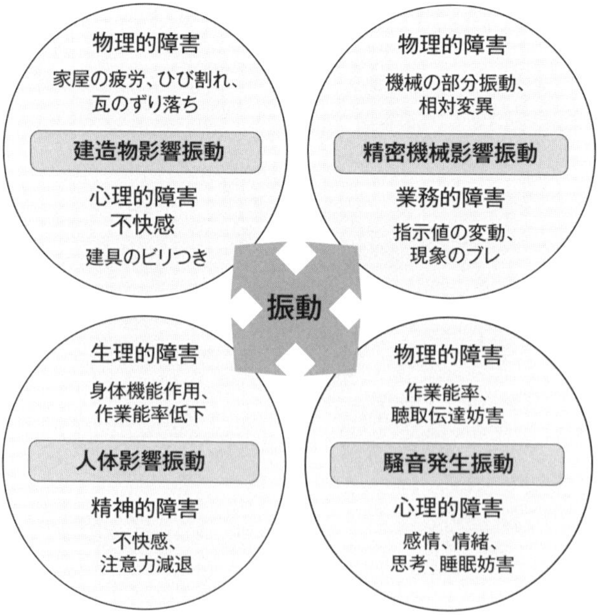

図6.6 振動の種類と障害

建造物影響振動
- 物理的障害：家屋の疲労、ひび割れ、瓦のずり落ち
- 心理的障害：不快感、建具のビリつき

精密機械影響振動
- 物理的障害：機械の部分振動、相対変異
- 業務的障害：指示値の変動、現象のブレ

人体影響振動
- 生理的障害：身体機能作用、作業能率低下
- 精神的障害：不快感、注意力減退

騒音発生振動
- 物理的障害：作業能率、聴取伝達妨害
- 心理的障害：感情、情緒、思考、睡眠妨害

図6.6 振動の種類と障害

6.2 音の反射と吸収・遮音

　音の反射は照明効果に似た性質があって、強いスポットライトを天井からテーブルに照射すると、その光はテーブル面で反射して天井面を明るくし、減衰しながらもテーブル周辺を柔らかな明るさに包み込む効果に似ている。

　音が硬質な床・壁・天井などに当たったとき、一部は通り抜けたり吸収されたりするが、それ以外の音は反射して反対の方向（音源）に進み、部屋の中では反射は繰り返さえる。この現象は、音が完全に減衰するまで続くことになる。

　発生した音が何度も反射を繰り返すことで、音が残っているように聞こえる。これを残響（エコー）いい、残響が聞こえる時間のことを残響時間という。

　残響を少なくするには、壁での吸音量を多くするために吸音材を使用する。なお音の吸収に対しては床・壁・天井が硬質素材であったとしても、カーペットやカーテン、ソファーなどの配置によっても音の減衰効果は図れる。

　壁を通り抜けてしまう音量を少なくするために使用する材料を、防音材あるいは、遮音材と呼ぶ。

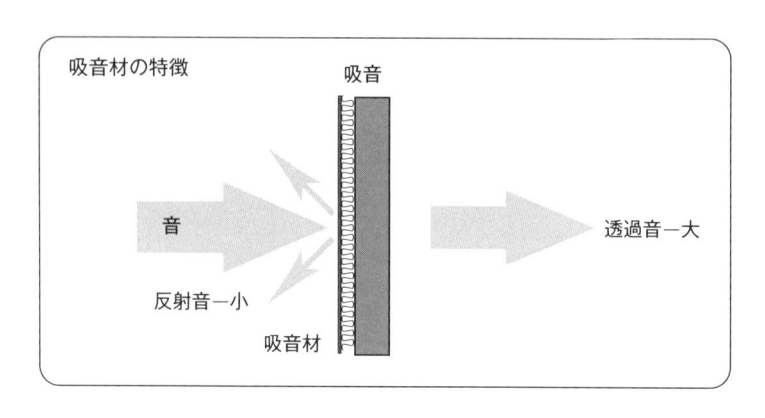

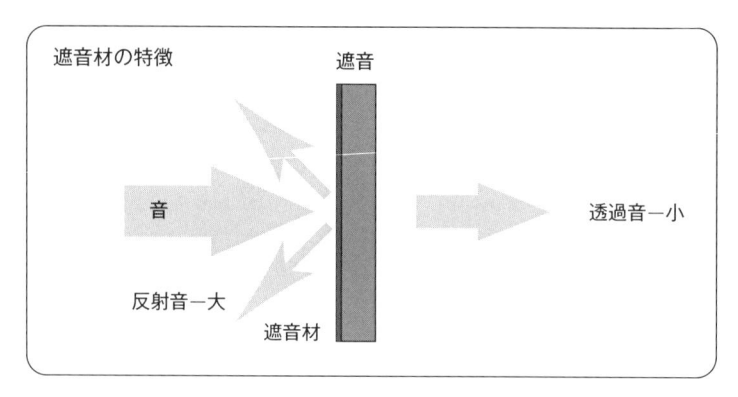

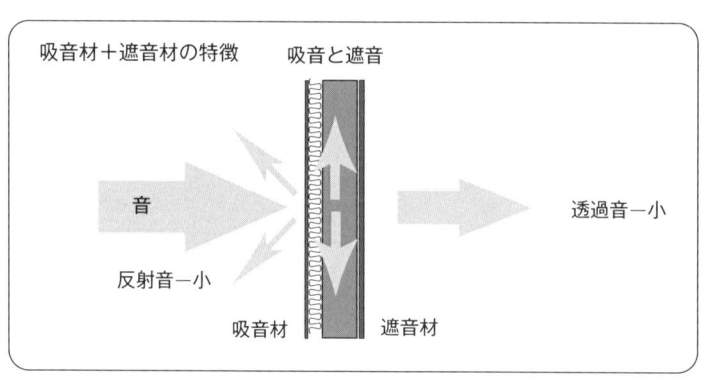

図6.7　音の反射・吸収・遮音

6.2.1 吸音材

吸音材には、非常に多くの種類がある。その中から計画に応じて吸音特性が最も効果的なものを選び、その材料の外観表面、吸音機構や施工の難易などを総合的に検討することが望ましい。

吸音材には、グラスウールのような軟らかい多孔質の材料が多いが、表面の強度や保護を必要とするために硬質材に穴を開けたものもある。

一般的に防音とは四つの要素に分けることができる。
① 遮音（音をさえぎる）
② 吸音（音を反射させない）
③ 防振（振動させない）
④ 制振（振動を短時間にとどめる）

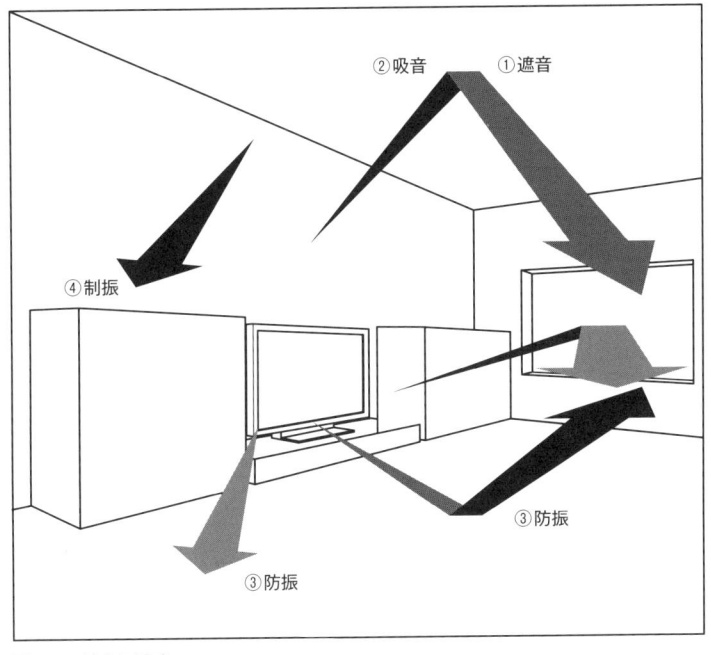

図6.8　吸音と遮音

表6.4 吸音材量の種類

材料構造		製品	特性	施工
多孔質材料	繊維を一定の厚さにしたもので多数の小さな空隙をもつ	ロックウール、グラスウール、吹き付け繊維、木毛セメント板、繊維類	周波数の高いほど（中高音域）吸音率は大きくある周波数以上はほぼ一定。一般に厚さを増すと吸音率は大となる。同じ厚さのときかさ比重の大きいほど効果大。背後の空気層は有効（中低音域）表面仕上げ処理により特性が変わる	材料表面の空隙をつぶすような表面仕上げをしないこと。吹き付け材料は厚みやコテ押えに注意。取付方法、背後空気層など現場監理は入念に
軟質性型板材料	繊維を材料として板状に成形したもので多数の空隙をもつ	軟質繊維版、ロックウール吸音版	周波数の高いほど（中高音域）吸音率大。背後の空気層は有効（中低音）。石こうボードなどの下貼りがあるときは背後の空気層の効果なし。材質が固くなるほど吸音率は低く特性は平坦化する	表面は工場加工製品のまま使用し指定外の塗装をしないこと。取付方法、背後空気層など現場監理は入念に
あなあき板材料	硬質の板に多数のあなを貫通させたものであなと背後の空気層で構成	あなあき合板、あなあき石こうボード、あなあき石綿セメント板、あなあきアルミニウム板	一般に低い周波数（中低音）の吸音に有効。板厚、あな径とピッチ、背後条件によって特性が異なり有効周波数域が変化する。背後空気層を大きくすると吸音周波数域が広がる。背後に吸音材を入れると吸音率が増す	表面塗装は自由だがあなをうめないようにすること。下地胴縁の構造や背後構造の指定を守ること
柔軟材料	発泡させた弾力のあるもので多数の気泡で構成	軟質ウレタンフォーム	周波数が高いほど（中高音）吸音率が大きく厚さを増すと吸音は大きくなる。背後空気層は有効（中低音域率）	表面から繊維が飛散しないのでそのまま使用できる。表面塗装はしないこと。表面仕上げは多孔質材と同様
板（膜）状材料	硬質の板または膜状で材料は空隙はほとんどなく通気性もないもので背後の空気層とで構成	合板、石こうボード、石綿セメント板、ビニールシート	材料取付方法と背後条件により特性が異なる。一般に大きな吸音率は得られない。低い周波数域に有効。材料の板振動による吸音であるから下地へ強固に貼りつけるより釘づけの方が効果的	板の材料、厚さ、下地構造、取付方法、背後条件などは設計どおりに施行すること。表面塗装は一般に自由である

6.2.2 遮音材

遮音材には多くの種類があり、それらの中から状況に合わせた材料の選定や数種類の素材を組み合わせ、もっとも優れた遮音効果が得られるような選定が必要である。特に、遮音を必要とする周波数域について透過損失の特性が優れているかどうかを検討し、材料や構造の選択を誤らないように計画することが必要である。

表6.5 遮音材量の種類

材料構造		製品	特性	施工
一重構造	単一版	鉄板、アルミ板、合版、石こうセメント板、フレキシブルボード、板ガラス	確実に大きな遮音量が得られる。高音域ほど効果が大きい。面積あたり重量が大きいほど効果大（質量則）。厚みの大きいほど効果が大きい。コインシデンスによる特性低下に注意	材料の周囲や継ぎ目に隙間があると効果が発揮できない。遮音効果を高めるには重量が増すので取付工法を適切にする
	単一壁	鉄筋コンクリート、コンクリートブロック		
複合構造	積層板	中空層サンドイッチ、多孔質系サンドイッチ、発泡材料サンドイッチ	使用材料、組み合わせにより特性が変わる。材料単独の性能が効果に大きく影響。中間層の材料、間隔により特性が変わる	既製材料はパネル寸法に応じた取付方法を採用し、隙間の内容にする。現場で複合施行する場合は下地の構造や充慎材料、取付方法に誤りがないように注意
	サンドイッチ板			
すき間処理	バッキング	軟質材料	すき間による遮音効果の低下を防止する	開口部（窓、扉）などの周囲のすき間をなくすように取り付ける
多重構造	現場施工	鉄筋コンクリート、コンクリートブロック、塗り壁、二重壁	使用材料、構造により特性はさまざま。重ねる材料の特性が効果に影響。実際の施行例について測定された特性を採用する	設計どおり施行するよう現場監理が大切
建具類	サッシ・ドア	防音サッシ、防音ドア、防音窓、戸、襖	一般に高音域ほど効果が大きい。ガラスの厚さによる特性の影響大。遮音の目的には気密型サッシが適。建具の寸法や取付方法によって効果が異なる。実際に使用する製品の特性を採用する	建具枠まわりの充填は完全に枠や障子を損傷させたり歪ませないように、養生に留意ガラスのはめ込み、がたやすきまのないようにする。召し合わせ、戸当たり部のすき間に注意し気密締金具の調整は入念に行う

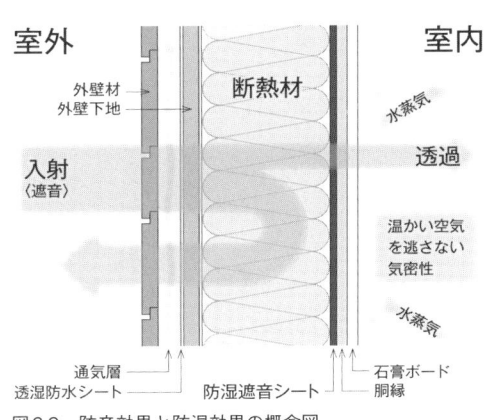

図6.9 防音効果と防湿効果の概念図

6.3 オフィスにおける音環境

　オフィス環境を決定する要素として音環境への配慮も重要なファクターとなるであろう。人への環境の影響はそれぞれ個人差があり、性別、年齢、国籍、経験、体調によっても異なるが、オフィスの室内環境は個室化が理想的とはいえ、多くの人が受け入れられる環境づくりを心がける必要がある。ちなみにオフィス環境が人に与えるストレスの要因には次のようなものがある。
・不便で効率の悪いレイアウト
・体に合わないチェアやデスク
・オフィス環境の悪さ（騒音・室内気候・明るさ・臭いなど）
・業務内容に適していないワークエリア
・気分転換する場所や休憩室の不足
・設備の不足（会議室やミーティングルームなど）
・機器の性能（パソコンのスペックが低い・コピーやＦＡＸの待ち時間）
・ファイリングなどの管理不足による検索性の悪さ・収納不足
・昼食などの飲食の不便さ

表6.6　オフィス環境における五感と要素

要素／五感	視覚	聴覚	嗅覚	感覚	関連事項
光	○				照明・外光・グレア・光色
音		○			騒音・BGM
温度・湿度				○	空調・加湿・除湿
空気				○	温度・清浄・喫煙・換気
匂い			○		香り・悪臭
色	○				什器の色調
空間				○	広さ・天井高・什器比率

6.3.1　オフィスの騒音

　オフィスにおける一般的な騒音には「暗静音」と「発生音」がある。

（1）暗静音

　空調や外から聞こえる自動車の騒音などである。暗静音は連続して意味をもたない音なので「無意味騒音」とも呼ばれ、聞こえていてもあまり気にならない音。

(2) 発生音

　人が発生させる騒音のことである。電話や会話、電話の呼出し音、キーボードの打鍵音、プリンター・コピー音、足音、キャビネットの開閉音などで「意味騒音」とも呼ばれ、働く人がもっとも気になる騒音。

6.3.2　快適なオフィスの音環境

　オフィス内での騒音レベルは45〜55dB（デシベル）程度が最適であり、3m以内なら普通の声で会話ができるくらいの騒音である。快適な室内の音環境のためには以下のような対策があげられる。

- 室内の音の響きを調節するために、天井・壁・床の仕上げ材には吸音性をもつ建材を使う。

  床はPタイルやカーペットを環境に合わせて使い分ける、壁は塗装ではなくクロスを貼ることで音の反響が軽減される。

- プリンターやコピーなどは、遮音性のあるパーティションで囲う。
- カーテンウォールのようにガラスで覆われた室内では、反射音が高いためカーテンの設置や吸音面を多く配置する。
- 大きな会議室などでは、吸音性の高いパーティションで仕切り、ソフトなBGMなどを流すことで騒音が気にならなくなる。

　オフィスにおける音環境の充実は作業効率を上げるだけでなく、精神衛生上重要な要因と考えられる。オフィスにおける環境音（楽）の役割は次の通りである。

- 作業能率の向上
- 作業ミスの減少
- 緊張感の緩和
- 単調な作業リズムの抑制
- 疲労（ストレス）の減少
- 職場内人間関係の改善
- 会社に対するイメージの改善

表6.7 室内に最適な音の大きさ・騒音レベル

室内用途	最適な音（デシベルdB）の範囲・500ヘルツ
無響室	20dB
録音スタジオ・アナウンススタジオ・聴力検査室	25dB
ラジオスタジオ・特別病棟・ICU	30dB
テレビスタジオ・手術室・書斎・重役室・劇場・舞台・公会堂・音楽教室	35dB
映画館（休憩中）・プラネタリウム（休憩中）・礼拝堂・寝室・客室・応接室・美術館・博物館・宝石美術店・ホテル	40dB
教室・体育館・ロビー・レストラン・銀行・一般事務室・ショールーム	50dB

無響室の20dBの音とはまったく聴こえない範囲

6.4 BGM（Back Ground Music）と環境音楽への試み

　BGMの歴史は古代ローマ時代まで遡るといわれているが、近年の新たな音環境の創出はさまざまなジャンルで期待されている。

　古代・中世のヨーロッパではほとんどの場合、音楽は、環境を変え、神の加護を乞うために演奏されていた。十字軍では、軍楽隊を雇って軍楽を演奏させ、兵士の士気を高めた。修道士によるグレゴリオ単旋律聖歌は、農作業をする人の意欲を高めるために奏でられた。17世紀になると、BGMはヨーロッパの貴族の生活の中で一般化していった。

　産業革命によって、BGMの用途はさらに広まっていくようになる。

　1876年、アメリカのジョン・ワナメーカー・ストアに１台のオルガンが置かれた。そして毎朝開店のときに従業員の好きな歌が歌われた。これがのちにストア・コーラス、ストア・ミュージックという流行を生んだ最初といわれている。

　わが国でも1907年（明治40年）、三越デパートがスコットランドの音楽隊をまねて少年音楽隊つくった。その後1930年（昭和５年）パイプオルガンを設置したが、それはお客様に楽しい音楽ととも

に買物をしてもらおうという考えからであった。

　1910年代以降、音楽が人間におよぼす影響について、心理・生理学の分野でも盛んに研究が行われた。1914年、ビンセント、キャメロン、アームズの3人は、音楽が血圧におよぼす影響について研究した。これによると、静かな音楽を聴くと血圧が低くなり、活発な音楽だと血圧が高くなると報告している。1924年には、ある種の音楽は「心臓循環系統に好ましい影響をおよぼす」ということが報告されている。

　わが国においても、古くから音楽は生活のいろいろな場に利用されてきたが1930年代に大阪にある江崎グリコの工場では「生産性が午前と午後の中ほどで著しく低下することを発見、これは単調なくり返し作業による、アキと疲れによるものだと考え、この時間帯に音楽を利用しようと試みた。音楽は蓄音機からスピーカを通じて工場全体に聞こえるようにしたが、その結果、生産性は10％ほど増加した。使用した音楽は、愉快ではつらつとしたものを選び、時には新しい流行歌も使った」と当時の経営者は語っている。しかし、わが国では一般的にはまだ音楽を生産の場で利用することは少なかった。

　わが国における環境音楽配給業界の発足は、第二次大戦後、アメリカ人、ジョージ・トーマス・フォルスターらによって1957年（昭和32年）に日本音楽配給株式会社が設立されたことに始まる。その後、海外の音楽会社との提携から多くの配給会社が誕生し、1964年には毎日放送が、アメリカのミューザック社の環境音楽の日本における独占配給権を取得した。これによって、それまで明らかでなかったアメリカの環境音楽界の事情を知ることができ、国内で環境音楽に対する認識が高まった。

　現在では、ホテルやレストラン、デパートや病院、あらゆる業種やジャンルでBGMは当たり前のように使用されており、環境音楽は空間を和ませる重要な要素として捉えられている。企業では、効率性を高め、ストレスを緩和し、つねに安定したコンディションを保つための環境装置として利用されている。

6.4.1　BGM

　BGMとはバックグラウンドミュージックの略で、今日ではテレビやラジオ、有線放送なども含まれ演奏や鑑賞以外の目的で流れている音楽を指している。BGMに使われる音楽は、流す目的、場所、時間帯、季節など、あらゆる要素を考慮したうえでの選曲が必要である。

6.4.2　環境音楽

　環境音楽とは英語でエンバイロンメンタルミュージックであり、環境と音楽を組み合わせた言葉である。BGMと同意語的要素はあるが、BGM同様に演奏や鑑賞以外の目的で流れている音楽である。一般的なBGMと違うのは主体を取り巻く環境に対して、作曲家が何らかの構想をもってつくった曲に、演奏家がまとまりのある音として編成したものである。

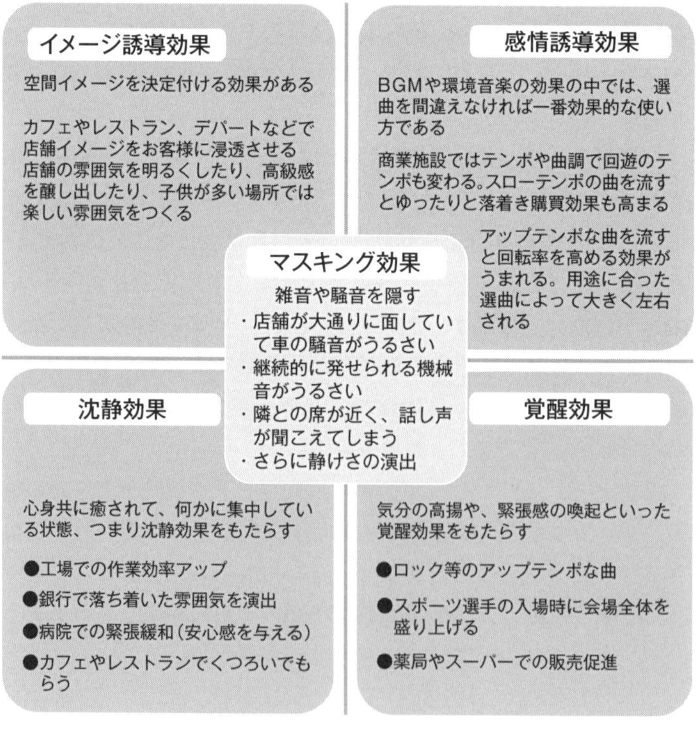

イメージ誘導効果

空間イメージを決定付ける効果がある

カフェやレストラン、デパートなどで店舗イメージをお客様に浸透させる店舗の雰囲気を明るくしたり、高級感を醸し出したり、子供が多い場所では楽しい雰囲気をつくる

感情誘導効果

BGMや環境音楽の効果の中では、選曲を間違えなければ一番効果的な使い方である

商業施設ではテンポや曲調で回遊のテンポも変わる。スローテンポの曲を流すとゆったりと落着き購買効果も高まる

アップテンポな曲を流すと回転率を高める効果がうまれる。用途に合った選曲によって大きく左右される

マスキング効果

雑音や騒音を隠す
・店舗が大通りに面していて車の騒音がうるさい
・継続的に発せられる機械音がうるさい
・隣との席が近く、話し声が聞こえてしまう
・さらに静けさの演出

沈静効果

心身共に癒されて、何かに集中している状態、つまり沈静効果をもたらす

●工場での作業効率アップ
●銀行で落ち着いた雰囲気を演出
●病院での緊張緩和（安心感を与える）
●カフェやレストランでくつろいでもらう

覚醒効果

気分の高揚や、緊張感の喚起といった覚醒効果をもたらす

●ロック等のアップテンポな曲
●スポーツ選手の入場時に会場全体を盛り上げる
●薬局やスーパーでの販売促進

図6.10　BGMと環境音楽の効果

6.4.3 BGMと環境音楽の音量

　BGMと環境音楽のもっとも適当な音の大きさは、一般的に騒音レベルが80dB以下の場合はそれより3～5dB大きい音量で流し、騒音レベルが80dB以上の場合は、これよりも小さい音量で流すとよい。

　しかしこれらの値は、そのまま杓子定規に適用することはできない。騒音レベルは同じでも、変動の仕方、周波数特性など種々の異なった物理的性質の騒音があり、BGMや環境音楽を導入する場所での作業の性質によって音量を変える必要がある。その場その場に応じたきめの細かい音のレベル調整を行いながら、最適音量を決めることが肝要である。

6.4.4 スピーカの数と取付け位置

　BGMや環境音楽の特徴は、聞く音楽ではなく聞こえる音楽である。あたかも音が空気のように室内に充満しているような状態が望ましい。音がどこから聞こえてくるのかわからない状態、スピーカがどこにあるのかわからない状態がよい。

　大切なことは、BGMと環境音楽の音の大きさは非常にきめ細かい調節が必要で、大きすぎても小さすぎてもその効果は損なわれ、もっとも適当な音量で流さなければ効果が得られない。そのためには、室内のいたるところに一様に音が分布するように、スピーカの分散配置をする必要がある。スピーカの数が少ないと、スピーカの近くの人は音が大きく、遠くの人は音が小さく聞こえるので、すべての人に最適な大きさで聞かせることができなくなる。

　音ができるだけ一様に分布するようにするには、スピーカを天井に取付け、千鳥形に配置し、スピーカの中心間距離を天井の高さの約1.5倍くらいにとるのが理想的である。ただし室の形、残響時間、作業の種類などによって、スピーカの配置や数が変わる。スピーカをいかに効果的に取付けるか、それを確実に行うことがインテリア空間に音を導入するうえで重要な課題となってくる。

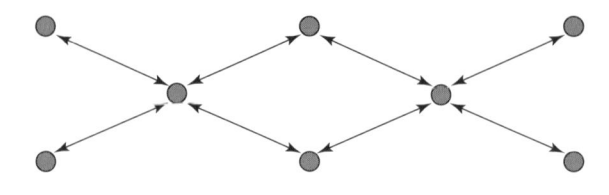

スピーカの千鳥配置

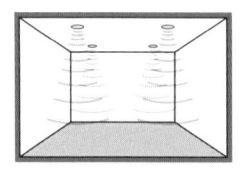

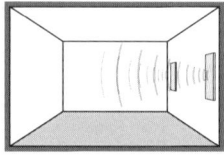

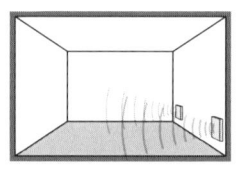

スピーカの取付け位置

図6.11　スピーカの千鳥配置と取付け位置

表6.8　天井の高さとスピーカの最適間隔／必要個数

天井の高さとスピーカの最適間隔

スピーカの高さ (m)	スピーカの間隔 (m)	スピーカ1個あたりのカバー面積 (㎡)
2.5以下	4.6	20
2.6〜4.6	6.0	36
4.7〜15.0	9.0	80

スピーカの必要個数

カバー面積 (㎡)	スピーカの数／天井の高さ (m)		
	2.5以下	2.6〜4.6	4.7〜15.0
18	1	1	1
36	2	1	1
45	2	2	1
70	3	2	1
90	4	3	2
140	7	4	2
180	10	5	3
460	23	13	6
900	45	25	12
2300	112	63	28
4600	223	125	56
9000	445	250	112

天井が低い場合のスピーカ配置

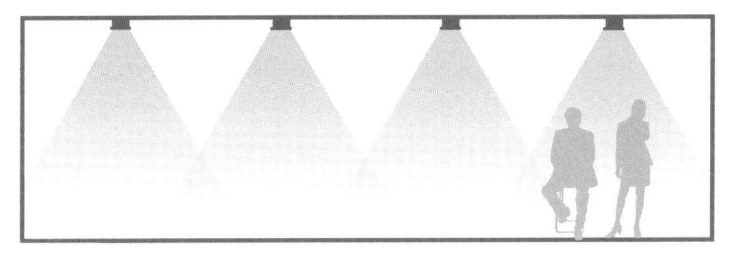

天井が中程度の場合のスピーカ配置

天井が高い場合のスピーカ配置

図6.12 スピーカ配置

スピーカの取付け位置は、天井取付けのほか壁への埋込み取付け、壁掛けや吊下げ型などいろいろな方法がある。

　天井への取付けは、天井の形式、支持方法、スピーカを取付けるスペース、火災予防に関する法規などを検討し最適な位置を決める。スピーカの配置は天井のデザインにも大きな影響を与えるため、照明の位置、空調の吹出し口など総合的に計画する必要がある。壁埋込みの場合も天井取付けと同様な考え方で実施する。天井埋込みや壁埋込みの場合、埋め込まれたスピーカの背面の状況を把握しておかなければならない。種類によって異なるがスピーカは背面にも音が漏れる特性がある。特に木造建築の場合は注意が必要である。

　狭いスペース（エレベータの内部などの場合）では、スピーカを聞く人の耳の高さからできるだけ離して、壁の下端近くに取付けることもある。

　機械の音が非常に大きく、作業者の耳の位置での騒音レベルが大きい場合は、むしろ作業者の耳にできるだけ近づけてスピーカを置くことが望ましい場合もある。また、ヘッドホンやイヤホンを使用すると、騒音から耳を守りながら心地よい音楽を聴くことができる。ただし気を付けなければならないのは、危険音に対する配慮が希薄になるおそれがあることである。

6.4.5　ローインピーダンスとハイインピーダンス

　スピーカの機種と本数をもとに、使用するアンプの機種を決定するが、ローインピーダンス／ハイインピーダンスの仕様の違いで、適正なアンプ出力（W）数の求め方が異なるので注意が必要である。

ローインピーダンス

短距離
アンプ 定幅出力 60W 8Ω
スピーカ RMC 60W 5Ω

ハイインピーダンス

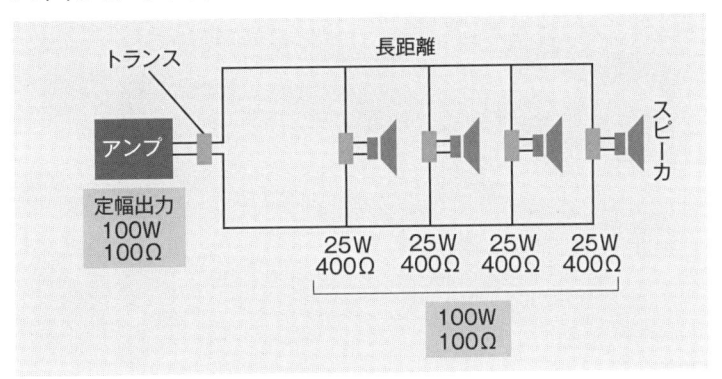

長距離
トランス
アンプ 定幅出力 100W 100Ω
25W 400Ω　25W 400Ω　25W 400Ω　25W 400Ω
スピーカ
100W 100Ω

図6.13　ローインピーダンスとハイインピーダンス

6.5　サウンドスケープ（Soundscape）

　サウンドスケープとは、ランドスケープのランドを「サウンド」に置き換えた言葉で、「音の風景」「聴覚的景観」「音景観」（目に見える風景ばかりでなく、景色の中の音にまで意識をうながす）という意味である。カナダの作曲家レイモンド・マリー・シェーファーの著書が翻訳されたとき「音風景」と訳された。近代では、音を環境から切り離し、あまりにも客観的に取り扱ってきたため、もう一度音を風景の観念で捉え、日常生活や環境の中で音を風景としてどのようにかかわっているのかを考えるために、「サウンドスケープ」という概念が提唱された。

写真6.1　イメージ写真

6.6 ナチュラルサウンドシステム

　ナチュラルサウンドシステムとは、自然界に存在する音を採取して音源化したものと、市販されている音源を同時に駆動させることで、自然界の音を感じながら好みの音楽をBGMや環境音楽として聴くシステムである。オリジナル音源の制作も容易にでき、住宅、オフィス、医療施設、高齢者施設、ホテル、旅館など、さまざまな場所で使用できる。

① 住宅では都会にいながらにして、軽井沢の山荘で目覚めたような心地よさが得られる。
② 医療施設では自然界の音（野鳥や渓谷音）と人工音（例モーツァルト）を同時に流すことで、室内にいながらにして音で自然感や季節感を身近にできることや、リハビリ効果も期待できることから、生理面での沈静効果を高めるなど、さまざまな効果も期待できる。

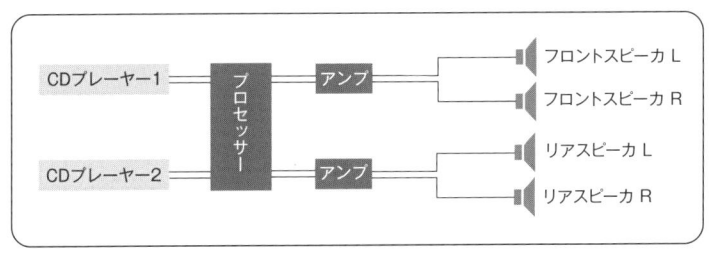

図6.14　ナチュラルサウンドシステムシステム図

表6.9　日本人の好む音

順位	音の種類	順位	音の種類
1	小川のせせらぎの音	11	ヒグラシの鳴き声
2	秋の虫の鳴き声	12	蒸気機関車の音
3	小鳥のさえずり	13	木の葉がざわめく
4	風鈴の音	14	ピアノを練習する音
5	波が寄せる音	15	蛙の合唱
6	わき水の音	16	チャルメラの音
7	お寺の鐘の音	17	木枯らしの音
8	草原の風の音	18	学校のチャイム
9	雨垂れの音	19	鳥が羽ばたく音
10	船の汽笛の音	20	さお竹売りの声

※NHKの世論調査部編の「日本人の好きなもの」（日本放送出版協会、1985年）

神鍋ブルーリッジホテル露天風呂

KKR HOTEL スカイコートガーデン

写真6.2　ナチュラルサウンドシステム 実施例

6.7 トータルインテリジェントシステムの普及（集中コントロールシステム）

生活の中で、音楽はより身近なものとなり、より快適な音楽環境が求められる時代となった。住まいではリラックスした環境の中で音楽を楽しみ、オフィスでは作業効率や空間環境のひとつとして音楽は欠かせない快適アイテムのひとつと考えるのは今や常識であるといえよう。

音楽のコンテンツ（音楽データ）も時代とともにレコードからカセットテープやMDに、そしてCDの時代へ、今日ではCDチェンジャー、FMラジオ、有線放送などが主流だが、さらにコンピュータやインターネット、デジタル携帯プレイヤーの普及に伴い大きく様変わりしつつある。その結果、インターネットラジオ、HDD音楽サーバー、デジタル携帯プレイヤー、コンピュータ内の音楽データなど膨大な音楽データを手軽に聴けるようになった。これらのコンテンツは最低でもCD程度のクォリティをもち、中にはSACD（スーパーオーディオシーディー）に匹敵するほどのハイクォリティで配信されている。最新の音楽リスニング環境はコンテンツとクォリティが整い、それを手軽にコントロールし1日中お気に入りの音楽とともに過ごせる環境となってきた。

住まいでお気に入りの音楽をいつでも好きな時に好きな場所で聞けるようにしたい。そのために音楽配信コンテンツも、インターネットラジオ、HDD音楽サーバー、デジタル携帯プレイヤー、コンピュータ内に蓄積された膨大な音楽データなどが主流となってきている。これらのコンテンツの特徴は自宅のネットワークシステムを介してデータを共有することが可能なことだ。ただし共有された音楽データを再生させるためには、コンピュータやテレビなどのディスプレイの付いた機器を起動させ音楽データを呼び出して再生させるといった方法が必要である。もちろん音楽配信専用の再生装置を各部屋に設置する方法もあるが、現在ではホームコントロールシステムからコントロールすることができる。

ホームコントロール用の操作端末であるタッチパネルにはディスプレイを備えており、このディスプレイに音楽データを表示させて再生し、あとは家中のどのスピーカから流したいかを選ぶだ

けで快適な音楽環境をつくることができる。家中同じ音楽を家族皆で楽しむことも、各エリアごとに別々の音楽を楽しむことも可能、BGMという概念を超えた生活の一部として音楽との共存を実現できる。

　タッチパネルを使った集中コントロールシステムは、ホームコントロールもネットワークに対応したシステムへと変わり、ホームシアター用のAV機材のコントロールから自宅の住宅設備管理、そしてネットワークミュージックのコントロールまで可能にする快適ライフスタイルをサポートするインテリジェントシステムへと進化しつつある。

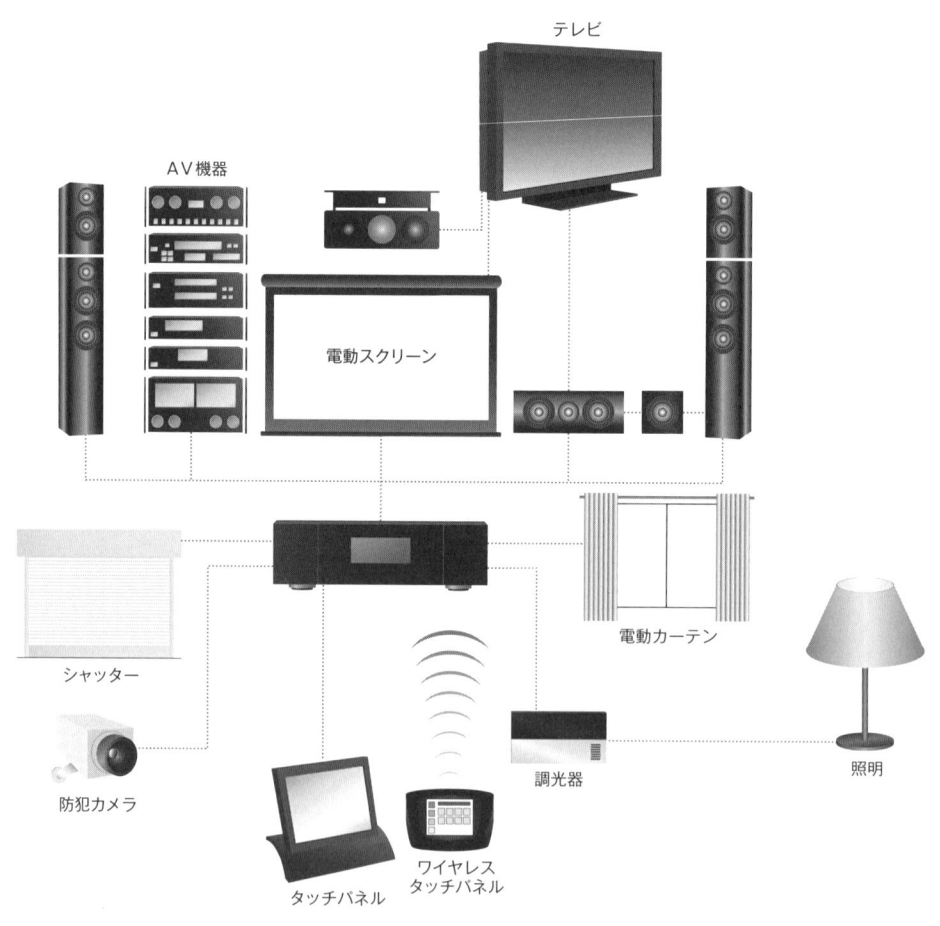

図6.15　多目的システム

◆参考文献

「建築音響設計」日本建築学会 編、彰国社、1983
「静けさよい音よい響き」永田 穂 著、彰国社、1986
「新訂環境音楽」苧坂良二 編著、大日本図書、1992
「音の生態学 音と人間のかかわり」岩宮眞一郎 著、コロナ社、2000
「騒音防止ガイドブック改訂2版」前川純一・岡本圭弘 共著、共立出版、2003
「音響用語辞典」日本音響学会 編、コロナ社、2003
「音の何でも小事典」日本音響学会 編、講談社、2004
「トコトンやさしい音の本」戸井武司 著、日刊工業新聞社、2004
「サウンドスケープ その思想と実践」鳥越けい子 著、鹿島出版会、2006
「音のデザイン 感性に訴える音をつくる」岩宮眞一郎 著、九州大学出版会、2007

◆資料提供

㈲エレメント

第7章 香りの演出

7.1 香りの効果

およそ地球上で香りのない空間はないといわれている。それだけに人間をはじめとして動植物は何らかのかたちで直接あるいは間接に、香りとの深い関わりをもって生きている。

ここではこの香りを使った空間づくりを考えてみたい。

7.1.1 香りが魅了する

古代エジプトではアレキサンドリアを中心に香料工場がつくられ、ローマなどに向けてバラの香油が盛んに輸出されていた。女王クレオパトラは、シベット（霊猫香）やバラの香油などをふんだんに使っていたといわれている。彼女にとって香りは、自身の神秘と気高さを示すツールであり、シーザー、アントニウスを代表とする男たちと戦うための女の武器でもあった。

また中国の楊貴妃は江南の地、蜀の出身でペルシャ系の血も混じっていたといわれている。中国人は体臭の少ない民族なので、類稀な体臭をもつ楊貴妃が玄宗皇帝の寵愛を一身に受けたのであろう。楊貴妃は牡丹の花のような芳香を放っていたとされる。反乱軍に追われ、皇帝に代わって殺されたとき38歳の若さであった。のちに復権した皇帝が埋葬された楊貴妃の遺体に対面したとき、龍脳の香りが体中から漂っていたとされる。

紫式部の作品「源氏物語」には、多くの香りにまつわる話が登場する。当時、香りは教養の高さの現れとされ、文学と結びついて日本独自のこまやかな感性で伝えられていた。物語では薫の君（生まれながらに芳香を体にもっていたとされる）と匂兵部卿宮（最高の薫物をつねに焚き染めた）を登場させている。「源氏物語」では、貴公子と姫たちのコミュニケーションに香りが用いられたのである。

7.1.2 香りが危険を知らせる

嗅覚は他の視覚、聴覚、触覚、味覚と異なり、直接大脳を刺激するとともに情動反応と深く結びついているとされている。情動反応とは過去の経験や記憶と照合して、外界の出来事にどのよう

な意味があるのか、危険なものか利益になるものかをすばやく判断する動きである。動物は香りに対しては考えたり知覚したりする前に、生存にかかわる重要な反応を示す。この性質を使って、人間の100万倍の嗅力をもつといわれている犬を警察犬や麻薬犬などに、また豚をトリフ探しに活用している。

私たちの日常生活の中でも、危険を知らせる好例として都市ガスがある。本来の都市ガスは無臭であるが漏洩を認知させるためにガスの中にターシャリーブチルメタルカプタンという少量でも極めて高臭気の物質を混入している。

7.1.3 鎮静・覚醒・リフレッシュ

香りの元である香料は元来植物や動物から抽出した天然精油（エッセンシャルオイル）であり、古代の伝統医学ではこのような精油は効果、効能をもった治療薬として幅広く使用されていた。

ラベンダーなどの鎮静効果のある香りを嗅ぐと、図7.1に示すように脳波が変化することが確認されている。これらの変化は、鎮静効果のある香りだけでなく、その人が好きな香りでも同様の結果が得られることも確認されている。

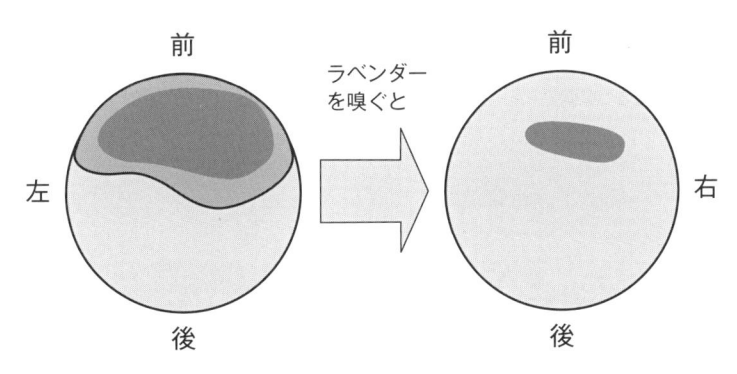

色が濃いほどCNV（随伴性変動）が大きい。脳の前部が興奮していることがわかる。

濃い色の領域が小さくなっているので、脳全体が鎮静化していることがわかる。

図7.1 香りによる鎮静作用

また香りが疲労の自覚症状を軽減するという実験結果も報告されている。図7.2のように香りがあることにより、ない場合に比べて全身が軽い、気分がさわやかで気持ちよい、首筋や肩のこりがないなどの自覚症状が報告されている。作業空間の中にレモンやジャスミンなどの覚醒効果のある香りを流すと、キーパンチャーのパンチミスが減少することも確認されている（図7.3）。

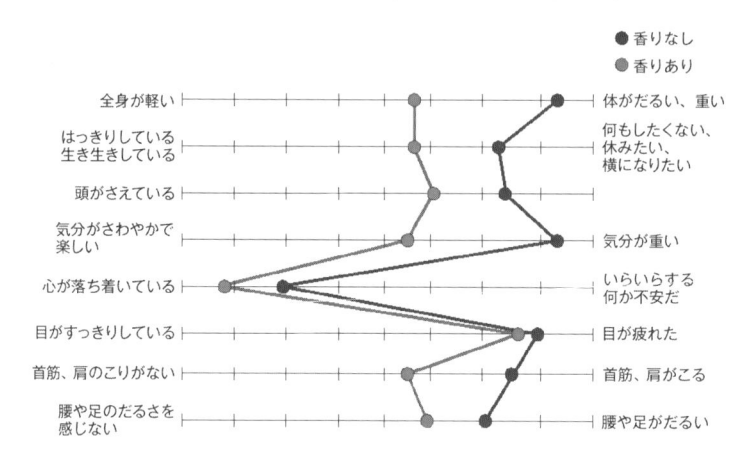

図7.2　香りの有無による自覚症状調査の結果

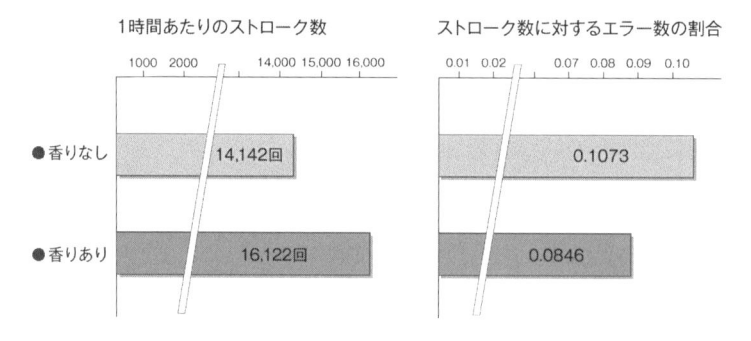

図7.3　香りによる作業効率の向上

7.2 インテリア環境と香り

7.2.1 オフィスビルに求められる機能・性能

　最近のオフィスビルでは、情報化、国際化に対処するため、コンピュータをはじめとする多くのOA機器を導入し、生産性や創造性の向上を図っている。このようなオフィスに働く人々は、氾濫する多くの情報を的確にスピーディに処理することを求められる。その結果極度の緊張を強いられ、いわゆるテクノストレスの蓄積につながることも多い。図7.4に現在のオフィスビルに求められる機能・性能を示す。信頼性や利便性だけではなく、快適性もまた欠くことのできない要素のひとつといえる。人が一生のうちにオフィスで働く時間は約8万時間、およそ1万日といわれている。この「働く場」というよりむしろ「生活の場」ともいうべきオフィスの居住者にとって、心理的にも生理的にも快適な空間を提供する建物が求められている。

　ここで述べる香り環境制御システムは、この目的を達成するための手段のひとつである。

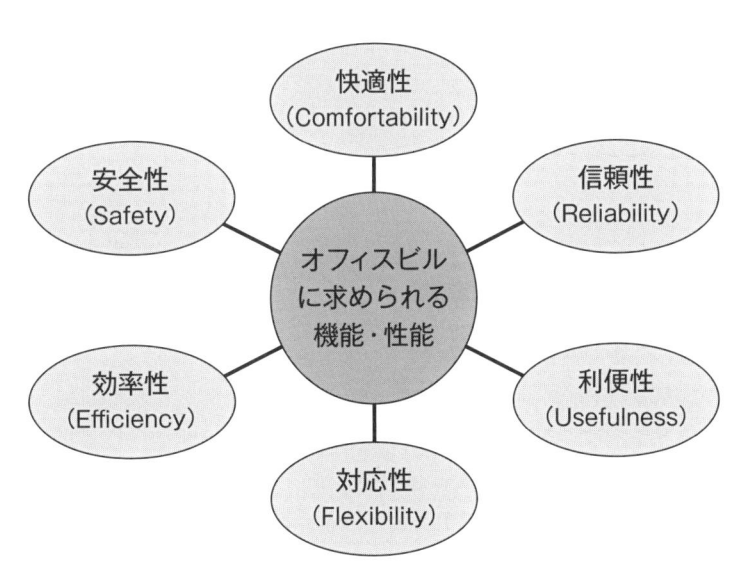

図7.4　オフィスビルに求められる機能・性能

7.2.2 快適性における香りの位置付け

インテリアの快適性を左右する因子として、光、音、色彩および空気があるが（図7.5）、このうち「空気」がもっとも大きなウェイトを占める。温度や湿度が適切であることだけでなく、これからはその質の良さが重要となっている。空気中の粉塵量、CO_2やCOあるいはO_2の量など、いわば空気の組成にかかわる因子までも言及されるようになってきている。

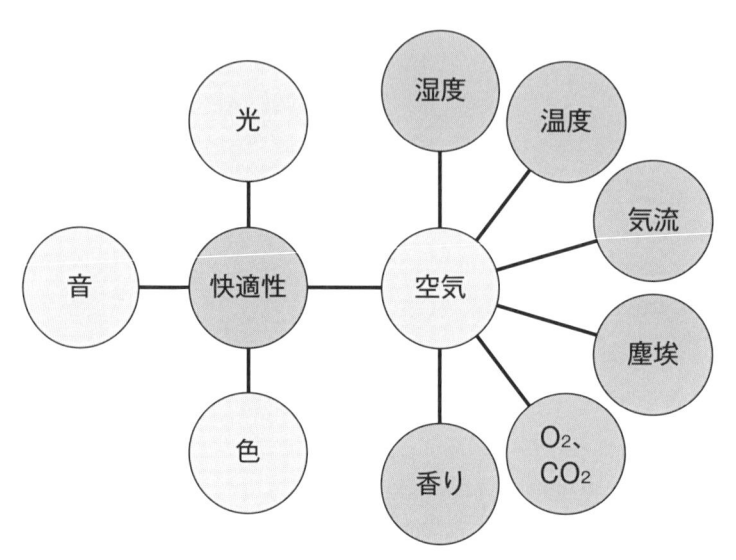

図7.5 室内空間のアメニティと香りの位置付け

7.3 香りの導入事例

7.3.1 香り制御システム

図7.6に香り制御システムの構成を示す。システムは、対象となるインテリア空間を空調する空調機と、香りを供給する装置に大別される。香り供給装置は香料を貯える3本の香料ボンベと噴霧するためのノズル、噴霧量、噴霧時間、噴霧ピッチをコントロールするための制御ユニットから構成されている。

なお人間の嗅覚が香りに対して慣れてしまい香りの効果が減少することを防ぐために、香りは断続的な噴霧としている。

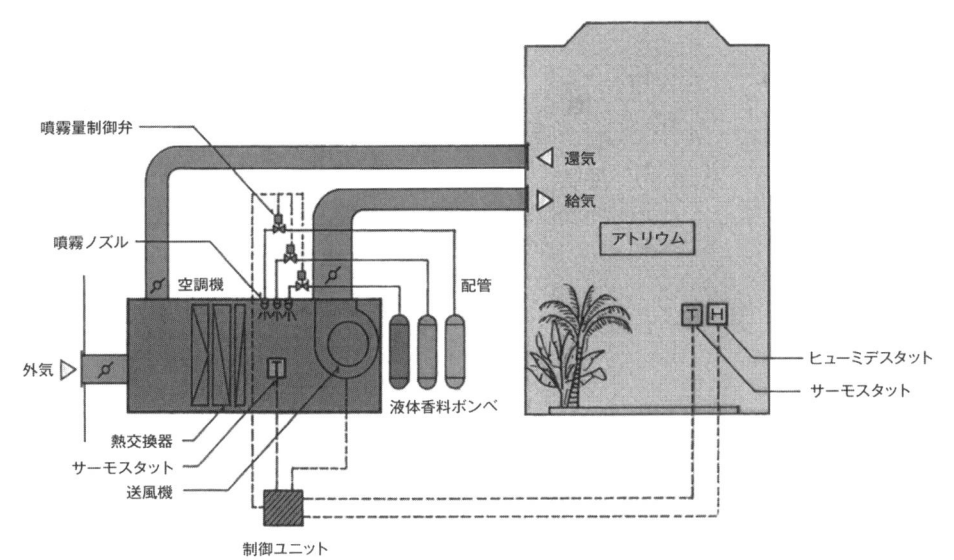

図7.6　香り環境制御システムの構成

　対象となる空間に香りを流した場合にその拡散状態と濃度の分布がどのようになるかを、シミュレーションで予測した結果を図7.7に示す。この予測は写真7.1に示すアトリウム空間に香りを流した場合で、噴霧から約10分後にはアトリウム下部の居住域がほぼ設定値に達することが予測された。

写真7.1　オフィスビルのアトリウム

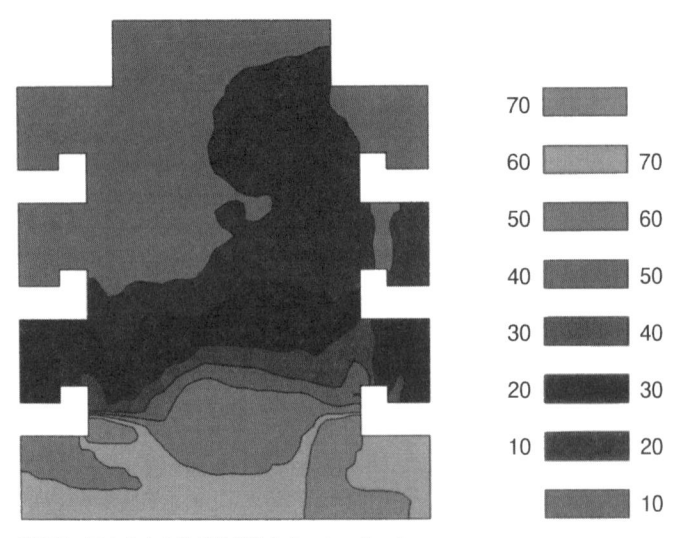

図7.7 アトリウムの香り拡散シミュレーション

　このアトリウムではヤシやパパイアなどの南洋系の高木類や小型のシダ植物、地衣類を配し、周囲の池のせせらぎやトップライトからの自然光とともに、より自然に近い雰囲気を演出している。また電子音楽によるバイオミュージックが静かに響く。このような視覚や聴覚によるリフレッシュ効果をさらに高める目的で、香りの演出を導入している。

写真7.2 アトリウムの噴水

7.3.2 香りのプログラム

図7.8はこのアトリウムの香りのプログラムである。

朝の出勤時にはさわやかで覚醒効果のあるシトラスの香りを漂わせ、業務中は精神の鎮静を図るためのフローラルの香りを、さらに昼食前後には木の香りを流すことによって気分をリラックスさせようとしている。

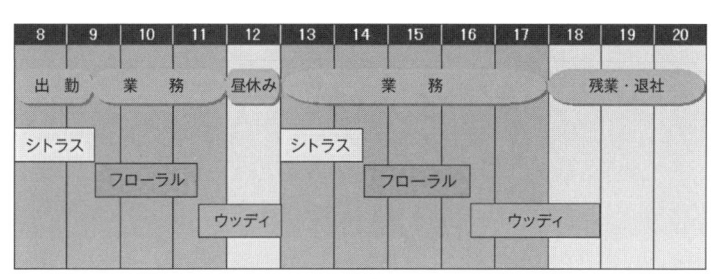

図7.8 アトリウムの香り噴霧タイムテーブル

これらの香りは、前述の香り拡散シミュレーションの結果でも示すように、アトリウムとオープンにつながっている各ワークエリア（写真7.3、写真7.4）でもかすかに感じることができる。なおこのアトリウムをもつ建物では、地下1階にある400人収容の大会議室（写真7.5）でも、この香り環境制御システムを導入している。ここでは会議やパーティーなどのイベントスケジュールに合わせて、噴霧する香りの香調、噴霧時間、濃度などを変えている。このように香りを音や光と同様に積極的にイベントの空間演出にも使っている。

写真7.3 アトリウムに面したワークエリア

7.3 香りの導入事例

写真7.4　個人のワークエリア

写真7.5　地下大会議室

7.3.3　香りの効果

　図7.9に香りを空間に流すことについてのアンケート結果を示す。導入の目的である「リフレッシュ」、「気分転換」、「オフィスの雰囲気の向上」などの評価が高い。また「演出の手段」や「香りによるマスキング効果」など予想を越えて高い評価もあった。

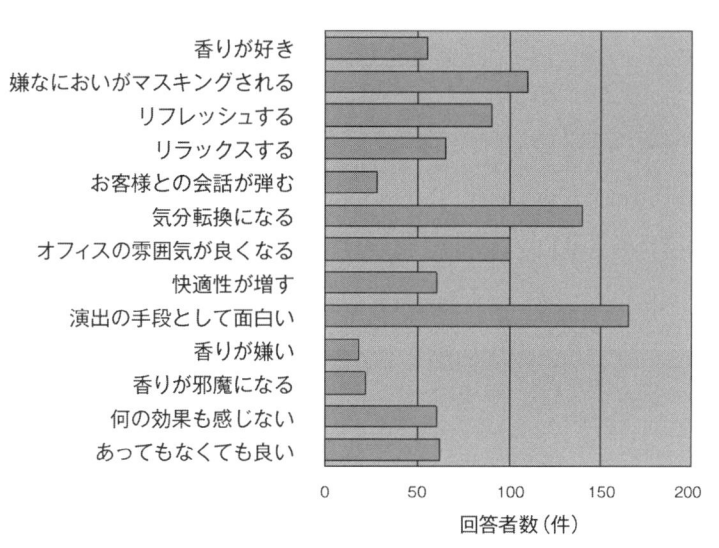

図7.9 アンケート調査結果（香りを体験して感じたこと）

　図7.10は香りを流すことによる快適度のアップ率の調査結果である。337名の申告者のうち、150名が10％のアップと申告しており、単純平均では24％のアップとなっている。この香り制御システムは現在までに約500棟近くの建物に採用されているが、その対象空間の用途を図7.11に示す。約半数がオフィスであるが、その他さまざまな空間にも快適性の向上などの目的で香りが流されている。

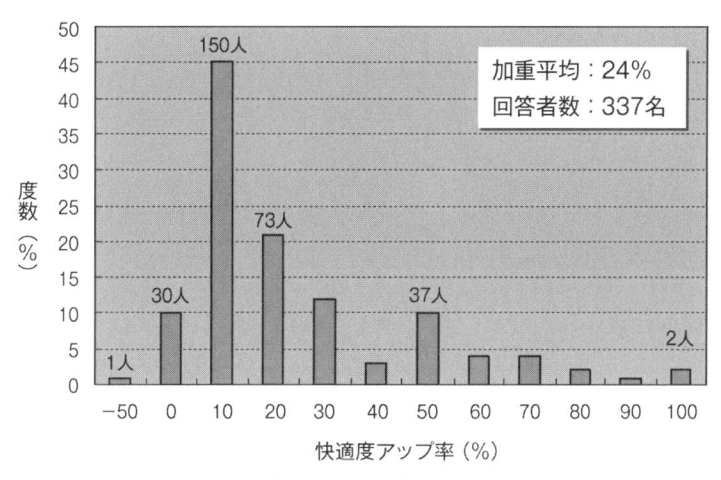

図7.10 アンケート調査結果（快適度のアップ率）

7.3 香りの導入事例

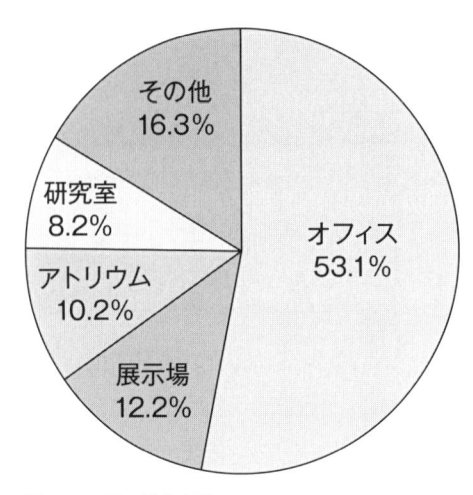

図7.11　香り導入空間

おわりに

　インテリア空間に香りを流すことは、その空間を利用する人々が豊かな感受性をもち創造性を発揮できるための快適な空間創りの手法のひとつである。それゆえ、人間の五感を適度に刺激し、快適さ、癒し、心地よさを提供するこのようなシステムを導入する場合は、高等動物である人間の嗜好が個人やさまざまな状況によって異なることをつねに念頭に置くことを忘れてはならないであろう。

◆引用文献
「香りの謎」鳥居鎮夫 著、フレグランスジャーナル社、1994
「香りと環境」岩崎基行 著、理工図書、1995年

◆資料提供・協力
鹿島建設㈱

編著者略歴

内堀繁生（うちぼり・しげお）
1954年千葉大学工学部建築学科卒業。セゾングループに在職中、バウハウスのコレクションで著名なノールデザインを日本に紹介する。鹿島建設インテリアデザイン部長、千葉大学講師、大妻女子大学教授を歴任。現在、生活デザイン研究所代表。

インテリアの基礎知識シリーズ
インテリアと空間演出の基礎知識

発行：2011年2月23日　第1刷

編著者：内堀繁生
発行者：鹿島光一
発行所：鹿島出版会
〒104-0028　東京都中央区八重洲2丁目5番14号
電話 03-6202-5200　振替 00160-2-180883
DTPオペレーション：田中文明
カバーデザイン：工藤強勝／デザイン実験室
印刷・製本：三美印刷

©Shigeo Uchibori, 2011
ISBN978-4-306-03356-6　C3052　Printed in Japan
無断転載を禁じます。落丁・乱丁本はお取替えいたします。

本書の内容に関するご意見・ご感想は下記までお寄せください。
URL：http://www.kajima-publishing.co.jp
E-mail：info@kajima-publishing.co.jp